# 与老板讲税

## 税

『平台+个体』之
税收筹划

徐晓东 —— 著

中国铁道出版社有限公司
CHINA RAILWAY PUBLISHING HOUSE CO., LTD.

**图书在版编目（CIP）数据**

与老板讲税 ："平台+个体"之税收筹划／徐晓东
著 . —北京：中国铁道出版社有限公司，2023.7
　ISBN 978-7-113-25528-2

　Ⅰ．①与… 　Ⅱ．①徐… 　Ⅲ．①税收筹划–基本知识
Ⅳ．①F810.423

　中国国家版本馆 CIP 数据核字（2023）第 045929 号

书　　名：**与老板讲税——"平台+个体"之税收筹划**
　　　　　YU LAOBAN JIANG SHUI——"PINGTAI+GETI" ZHI SHUISHOU CHOUHUA
作　　者：徐晓东

责任编辑：郭景思　　编辑部邮箱：guojingsi@ sina. cn　　编辑部电话：(010) 51873007
封面设计：闽江文化
责任校对：安海燕
责任印制：赵星辰

出版发行：中国铁道出版社有限公司（100054，北京市西城区右安门西街 8 号）
网　　址：http://www. tdpress. com
印　　刷：河北宝昌佳彩印刷有限公司
版　　次：2023 年 7 月第 1 版　2023 年 7 月第 1 次印刷
开　　本：710 mm×1 000 mm　1/16　印张：11.5　字数：192 千
书　　号：ISBN 978-7-113-25528-2
定　　价：79.80 元

---

# 序 言 |

    2018 年 12 月，我应成都市一家公司之邀，为他们公司开办了一次税务业务讲座。当时在座的听众大多是以该公司名义对外承接业务的个人。他们从公司分走所得利润，公司为其提供发票，这在某种程度上会给公司带来税务风险。所以我对他们讲，你们为什么不注册个体工商户（简称个体户，下同），然后通过个体户向公司开发票规避税务风险呢？当时成都市服务业的个体户每个月开 10 万元以内普通发票可免增值税及附加税费，但需另交个人所得税 582.52（100 000÷103%×0.6%）元，税负不到 0.6%。如果是在深圳市，每个月开 10 万元以内普通发票，连个人所得税都用不交，税负为 0。

    2021 年以前，有些人用个人独资企业、合伙企业核定征收的方式在税收洼地来节税。但是，2021 年财政部和税务总局发布的《关于权益性投资经营所得个人所得税征收管理的公告》规定："持有股权、股票、合伙企业财产份额等权益性投资的个人独资企业、合伙企业，一律适用查账征收方式计征个人所得税。"即不允许持有股权等权益性投资的个人独资企业、合伙企业核定征收，一律查账征收。特别是 2021 年某网络主播偷税漏税事件后，众多公司与个体户都感受到"金税"征管后，核定征收方式可能带来的巨大税务风险，个人独资企业、合伙企业核定征收纳税的方式已经一去不复返了。随着"公司+员工"时代的渐行渐远，"平台+个体"时代悄然来临。网约车、外卖等领域就是"平台+个体"的典型代表。一些传统行业，如设计、装修、零售等也想转型跟随，但面临个人难以提供发票，支出不能合法入账，个人所得税成本高等一系列难题。

作为个体，可能有多种税收主体身份，但个体经营大多数是从个体户衍生而来的，现实需求催生"平台＋个体"税收筹划。本书就是为满足这一需求而编写的。首先，本书系统性地介绍个体户相关的法律法规和税收政策，以及个体户如何与公司合作，搭建"平台＋个体"的商业架构。然后，通过案例结合法律法规分析，探索适合"平台＋个体"的经营模式，再结合一些类似个体户性质的主体（如个人独资企业、合伙企业、灵活用工平台、个人税务代开发票和临时税务登记等）有针对性地进行对比分析。考虑到现实中有一些非个体也可能采用"平台＋个体"的税收方式，因此，本书还增加了核定征收税费和税费返还等内容，并针对这些纳税主体，从多角度分析可能存在的税收风险，以及防范风险的相应对策。

除灵活用工平台以外，其他方式通常只适用于小规模纳税人"平台＋个体"的合作模式。本书按照现行法律规定，有针对性地提出解决方案，以满足灵活用工平台合规经营的需求。

然而，"平台＋个体"税收筹划并不是本书的全部内容，帮助个体实现平台化转型，才是笔者的初衷和目的。故本书提出如何通过组织重构，更好地助力众多公司（包括个体户、个人独资企业、合伙企业）转型和经营，掌握平台化发展过程以解决众多税收方面的难题，从而平稳过渡到"平台＋个体"的新时代。

徐晓东

2023 年 4 月

# 目　　录 |

第二章
个体户的税收基础

## 第五章
## 其他个体税收方式

## 第六章
## 税收风险防范

## 第七章
## 税务与劳动合规

## 第一章

# 个体户设立的法律基础

不积跬步，无以至千里。现在社会上有一些人一讲到个体户税收筹划，大多只是片面强调其节税，而不讲个体户的法律属性。然而，不讲其法律性质，税从何而起？很多风险，就源于不知法、不懂法。本章的目的就是要夯实个体户设立的法律基础，掌握设立流程。

## 第一节　个体户的法律性质

"名不正，则言不顺"，所以本节先要确定个体户的法律地位，再与其他法律主体进行对比，最后介绍个体户的债务承担。

### 一、个体户的定义

很多人弄不清个体户的性质，人们常讲的大多是一些"高大上"的上市公司经营状况、股权架构和股权激励等。很多人对个体户的印象，可能还停留在 20 世纪 80 年代初期路边的小吃店、服装摊等。其实个体户可以从事很多工作，如财务咨询、法律咨询和设计等。从理论上讲，公司能干的事个体户都能干。决定个体户能干什么或者不能干什么，首先要看其法律性质。

那么，个体户的法律性质是什么呢？《中华人民共和国民法通则》（以下简称《民法通则》）① 《中华人民共和国民法总则》（以下简称《民法总则》）② 和《中华人民共和国民法典》（以下简称《民法典》）都将其归为自然人。

1986 年发布的《民法通则》将个体户列在第二章第四节的第二十六条："公民在法律允许的范围内，依法经核准登记，从事工商业经营的，为个体工商户。个体工商户可以起字号。"

2017 年发布的《民法总则》将个体户列在第二章第四节的第五十四条："自然人从事工商业经营，经依法登记，为个体工商户。个体工商户可以起字号。"

2020 年发布的《民法典》将个体户列在第一编第二章第四节的第五十四条："自然人从事工商业经营，经依法登记，为个体工商户。个体工商户可以起字号。"其内容和《民法总则》是一样的。

2022 年 11 月 1 日起实施的《促进个体工商户发展条例》（国令第755 号）第二条将原《个体工商户条例》第二条"有经营能力的公民，依照本条例规定经工商行政管理部门登记，从事工商业经营的，为个体工商户"的内容修改为"有经营能力的公民在中华人民共和国境内从事工商业经营，依法登记为个体工商户的，适用本条例"。

可见，在法律上，个体户就是自然人。与一般自然人不同之处，主要在于是否具有营业执照。

## 二、个体户的法律属性

除自然人之外，个体户还有哪些类别的法律属性呢？《民法总则》和《民法典》分类是一样的，民事主体共有三类：自然人、法人、非

---

①② 根据《中华人民共和国民法典》第一千二百六十条，本法自 2021 年 1 月 1 日起施行。《中华人民共和国婚姻法》《中华人民共和国继承法》《中华人民共和国民法通则》《中华人民共和国收养法》《中华人民共和国担保法》《中华人民共和国合同法》《中华人民共和国物权法》《中华人民共和国侵权责任法》《中华人民共和国民法总则》同时废止。

法人组织,后两者都是组织。

法人,《民法总则》和《民法典》第五十七条是一样的:"法人是具有民事权利能力和民事行为能力,依法独立享有民事权利和承担民事义务的组织。"我们常见的经济组织中,公司就是最典型的法人。当然,事业单位、政府机关等也是法人。注意,法人不是法定代表人,二者是两个不同的概念。实际上,法人是组织,如公司是法人,而公司的法定代表人(董事长、执行董事、经理)则是代表公司这个法人的自然人。

非法人组织,《民法总则》和《民法典》第一百零二条是一样的:"非法人组织是不具有法人资格,但是能够依法以自己的名义从事民事活动的组织。非法人组织包括个人独资企业、合伙企业、不具有法人资格的专业服务机构等。"实践中,常见的非法人组织有律师事务所、有限合伙的投资基金、合伙制会计师事务所和个人独资企业等。

在经济生活中,个体户经常被称作公司或企业。严格来说,个体户是自然人不是公司或企业,所以在管理上就与企业有所区别。如全国一体化政务服务平台小微企业和个体工商户服务专栏,小微企业和个体工商户是并列的,即个体工商户不是企业,如图1-1所示。

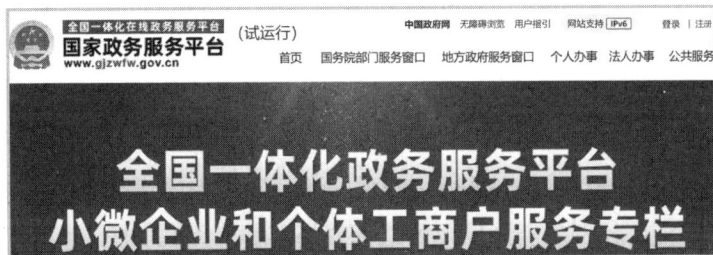

图1-1　全国一体化政务服务平台小微企业和个体工商户服务专栏

但在企业信用信息公示系统中,也能查询个体工商户。有时一些行政文件中所称的企业,也包括个体户。

现在有一些人,分不清个体户、企业、公司有何区别,他们认为个体户也是公司。但这对个体户来说,可能也是好事,方便承接业务。

### 三、个体户的债务承担

个体户虽然是自然人，但跟普通自然人的区别在于个体户要经营，经营就有可能负债。个体户债务同有限公司债务的责任是不一样的，个体户承担的是无限责任。《民法典》第五十六条规定："个体工商户的债务，个人经营的，以个人财产承担；家庭经营的，以家庭财产承担；无法区分的，以家庭财产承担。"只要是个体工商户欠了钱，不管是否继续经营，哪怕注销了，钱都必须要还。不能说个体户注销了，就消灭了债务。这与个人借了别人钱一样，谁借的谁还。

还有些与个体户有一定相似的企业，如个人独资企业，自然人投资的一人有限责任公司。这些都是一个人办的企业，对于债务的承担又是怎么样呢？

1. 个人独资企业

根据《中华人民共和国个人独资企业法》（以下简称《个人独资企业法》）第二条规定："投资人以其个人财产对企业债务承担无限责任。"个人独资企业解散时要清算。《个人独资企业法》第二十九条规定："个人独资企业解散的，财产应当按照下列顺序清偿：（一）所欠职工工资和社会保险费用；（二）所欠税款；（三）其他债务。"《个人独资企业法》第三十一条规定："个人独资企业财产不足以清偿债务的，投资人应当以其个人的其他财产予以清偿。"此外，根据《个人独资企业法》第十八条规定："个人独资企业投资人在申请企业设立登记时明确以其家庭共有财产作为个人出资的，应当依法以家庭共有财产对企业债务承担无限责任。"从上述这些规定上看，个人独资企业的投资者和个体户的经营者都需承担无限责任，承担方式也大致相当。

2. 一人有限责任公司

按说，无论多个股东的有限责任公司还是仅有一个股东的一人有限责任公司，股东都只承担公司的有限责任。因为《中华人民共和国公司法》（2018版，下同）（以下简称《公司法》）第三条规定："公司是企业法人，有独立的法人财产，享有法人财产权。公司以其全部财产对公司的债务承担责任。有限责任公司的股东以其认缴的出资额为限对公司承担责任；股份有限公司的股东以其认购的股份为限对公司承担责任。"但是，由于一人有限责任公司具有其特殊性，为防止其股东一方面希望像个体户或个人独资企业那样把公司财产当成自己财产，另一方面又想和其他有限公司一样只承担有限责任，即"公司财产是我的，但债务我不承担"，所以《公司法》第六十三条规定："一人有限责任公司的股东不能证明公司财产独立于股东自己的财产的，应当对公司债务承担连带责任。"在理论上讲，这叫刺破公司面纱，又叫法人人格否定。在实践中，如果一人有限责任公司规范经营，不把公司财产和股东个人财产混同在一起，依法分红、依法清算，还是有限责任。

下面可以把个体户与企业的债务承担做一简要对比，见表1-1。

表1-1　个体户与企业的债务承担对比表

| 经营主体 | 承担责任 | 备　注 |
| --- | --- | --- |
| 个体户 | 无限责任 | 个人经营的，以个人财产承担；家庭经营的，以家庭财产承担；无法区分的，以家庭财产承担 |
| 个人独资企业 | 无限责任 | 申请企业设立登记时明确以其家庭共有财产作为个人出资的，应当依法以家庭共有财产对企业债务承担无限责任 |
| 有限责任公司和股份有限公司 | 有限责任 | 有限责任公司的股东以其认缴的出资额为限对公司承担责任；股份有限公司的股东以其认购的股份为限对公司承担责任 |
| 一人有限责任公司 | 有限责任 | 不能证明公司财产独立于股东个人财产的，承担无限责任 |

之所以对个体户的债务承担进行分析，主要是让工商注册个体户的读者认识到，既然讲述个体户，不仅肯定其优点，同时也指出其缺点，如债务承担是无限责任。有缺点不可怕，只要知道了，就可以应对。实际上，像咨询类个体户的风险就很小。而有限公司，表面看起来只承担有限责任，但是，很多银行在贷款时要求股东提供担

保，股东因此实际承担了无限责任。所以个体户与公司间应避免高风险的业务。

# 第二节　个体户工商注册

只有在市场监督管理局（以下简称市场监管局）注册成立个体户，才能完成一切基于个体户的经营目标。虽然工商局更名为市场监管局，但是习惯上人们仍称其为工商局。因此，本书中仍有"工商注册"等部分习惯性用词。

## 一、工商注册流程

《中华人民共和国市场主体登记管理条例实施细则》（国家市场监督管理总局令第 52 号）（以下简称《市场主体登记管理条例实施细则》）第三条第三款规定："县级市场监督管理部门的派出机构可以依法承担个体工商户等市场主体的登记管理职责。"实践中，县级市场监督管理局一般委托派出机构即市场监督管理所（以下简称市场监管所），办理个体户注册。

个体户工商注册流程各地也有所不同，但大致内容如下：

（1）如果使用名称，需要申请预先核准名称，但经营范围不涉及前置许可的可以与个体户设立或者变更登记一并申请办理；

（2）如果需要前置许可，办理前置许可；

（3）填写个体户设立登记申请书，提交相关资料；

（4）领取营业执照。

以上内容可简化为：核名（如需）→前置许可（如需）→申请交资料→领照（领证）。

由于涉及个体户的前置许可本来就少，现在国家又大力取消前置许可，所以可进一步简化为：申请交资料→领照（领证）。

有的地方市场监管局开展个体户注册改革，实行当场领证的就更方便了，填申请交资料，现场办理工商注册、领证。有很多地方可以电子化注册，如成都市，可以下载"天府蓉易办"App，在手机上就能注册。下面简要介绍一下通过"天府蓉易办"App 注册个体户的主要流程。

首先，下载"天府蓉易办"App，注册并登录，在首页中选择"市场主体登记注册"，如图 1-2 所示。

图 1-2　天府蓉易办注册 1：市场主体登记注册

选择"个体设立"，根据提示到"名称登记"界面，填入相应信息，并点击"名称查重"。名称查重通过后，点击下一步，如图 1-3 所示。

根据后续提示继续输入信息，提交资料，系统生成签名材料，如图 1-4 所示。

点击签名后，出现手写签名界面，如图 1-5 所示。

在手机屏幕上，手写签名后，点击完成，提交申请后，等待审核通过后，即可领取个体户的营业执照。

## 二、如何选择工商注册地

个体户工商注册，首要的问题是在哪里进行注册。个体户不像公司，可以在县级、（地级）市级、省级甚至国家市场监督管理总局（以前叫国家工商行政管理总局）进行工商注册。如前所述，实践中通常在市场监管所注册个体户。这就带来两个问题，一是各个市场监管部门对个体户经营范围、名称等掌握不尽相同，可能会影响业务开展；二是各地税务政策不同，可能会影响税收安排。

图1-3　天府蓉易办注册2：
名称登记

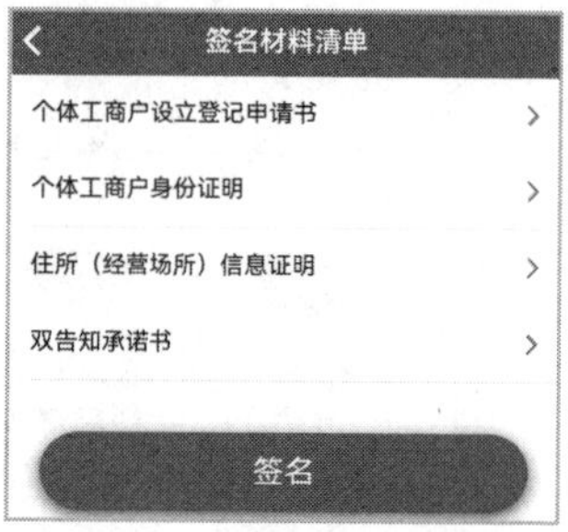

图1-4　天府蓉易办注册3：
签名材料

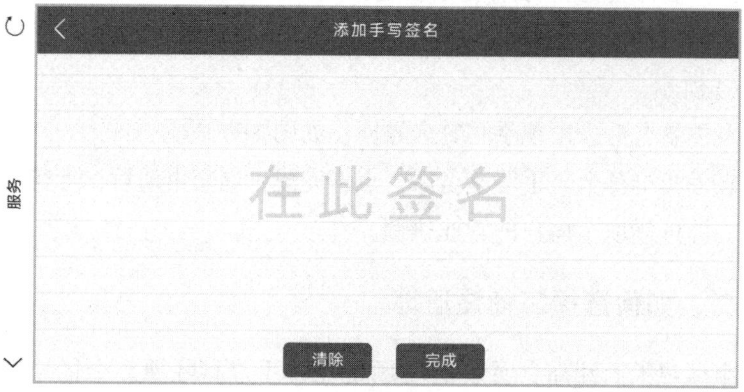

图1-5　天府蓉易办注册4：手写签名界面

通常情况下，"平台+个体"模式中的个体户以无店铺经营为主，所以实际位置在哪里并不重要，选择一个税收优惠的地方比较好，如果是有特殊需求，如要注册医药咨询，可能有的地方无法审批经营范围，那就要选择合适的市场监管局甚至是市场监管所。

经常有人问，我户籍是云南省的，现居住在四川省，在重庆市开展业务，我在哪儿注册？我能不能给重庆市的人开发票？我告诉他，不管你是哪儿的人，在哪儿住，都可以在任何地方办理个体户事宜，并可以面向全国各地开具发票。你既然人在四川省居住，那么你就在四川省工商注册个体户。或者你虽然人在四川省，但跟着项目跑工地，而你有家人在云南省，你也可以在云南省工商注册。至于你发票开给重庆市或开给其他地方都没有问题。毕竟，法规没有限制个体户不能向外地销售商品或服务。

由于各地政策有所不同，在后面讲到税收问题时还要进行深入分析，帮助个体户更好地选择工商注册地。

当然，有的灵活用工平台上可以电子工商注册个体户，脱离地域限制，似乎更方便，但存在与具体平台挂钩和金额等限制，在后面讲述灵活用工平台时再详述。

### 三、如何选择个体户名称

已废止的《个体工商户条例》第八条规定："个体工商户登记事项包括经营者姓名和住所、组成形式、经营范围、经营场所。个体工商户使用名称的，名称作为登记事项。"现行的《促进个体工商户发展条例》中没有规定个体户登记事项。其原因是，2022年3月1日起实施的《中华人民共和国市场主体登记管理条例》（国务院令第746号）（以下简称《市场主体登记管理条例》）第八条规定了与个体户有关的登记事项："市场主体的一般登记事项包括：名称；主体类型；经营范围；住所或者主要经营场所；注册资本或者出资额；法定代表人、执行事务合伙人或者负责人姓名。"除此规定外，还应当根据市场主体类型登记个体工商户的经营者姓名、住所、经营场所。

虽然《个体工商户条例》已经废止，《市场主体登记管理条例》的登记事项也包括名称，但实际上个体户的名称仍然是可选的登记项。因为《个体工商户名称登记管理办法》第二条规定："个体工商户可以不使用名称。个体工商户决定使用名称的，该名称的登记注册适用本办法。"

个体户与公司取名不同，个体户的名称有着特殊性。有名称的个体户营业执照，如图1-6所示。

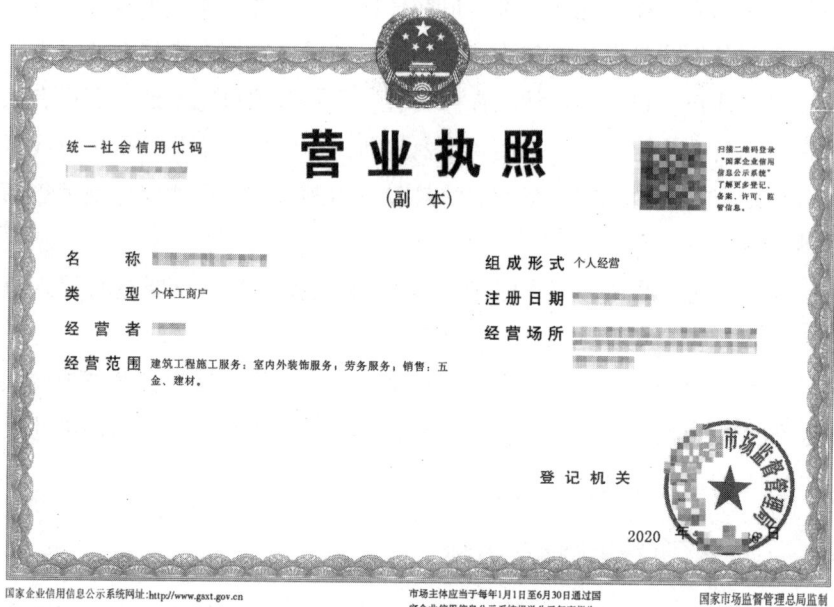

**营业执照**
（副本）

| | | | |
|---|---|---|---|
| 统一社会信用代码 | ▊▊▊▊▊ | | 扫描二维码登录"国家企业信用信息公示系统"了解更多登记、备案、许可、监管信息。 |
| 名　　称 | ▊▊▊▊▊ | 组 成 形 式 | 个人经营 |
| 类　　型 | 个体工商户 | 注 册 日 期 | ▊▊▊▊ |
| 经 营 者 | ▊▊ | 经 营 场 所 | ▊▊▊▊▊ |

经 营 范 围　建筑工程施工服务；室内外装饰服务，劳务服务，销售：五金、建材。

登 记 机 关

2020 年 ▊ ▊ 日

国家企业信用信息公示系统网址:http://www.gsxt.gov.cn　　　市场主体应当于每年1月1日至6月30日通过国家企业信用信息公示系统报送年度报告。　　国家市场监督管理总局监制

图 1-6　有名称的个体户营业执照

图中营业执照既有经营者姓名，也有个体户名称"青羊区某某中心"。如果没有名称，则营业执照上的名称会显示为三个星号，即"***"，如图1-7所示。

既然个体户可取名亦可不取名，为什么推荐起名称呢？理由如下。

（1）便于对外开展业务。个体户的名称，就像人的姓名一样，一个好的名字可以给合作伙伴留下一个好的印象，也可避免没有名称让人感觉不正规，甚至让人觉得和公司内部人员勾结。如果没有名称的个体户跟企业合作，企业在审计时，审计人员看到有用个人姓名开具的发票就会产生疑问。这让合作伙伴的职员又如何向领导汇报呢？领导开会时，职员汇报：公司要求的采购项目，我们对比了长城公司、牛马公司、张三，最后觉得张三最好，打算选择同张三合作。领导可能说，"等等，张三是哪家公司的？"职员怎么说？张三不是哪家公司，张三就是张三。所以，个体户没有名称，对外合作会遇到一些麻烦，且形象

图 1-7　没有名称的个体户营业执照

也不好。而有名称的话别人会感觉很正规，甚至误以为是公司，因为一些人其实分不清个体户和公司。

（2）避免混淆劳务报酬和生产经营所得。个体户开具发票是经营所得，核定时个人所得税低。如果是其他个人在税务局代开发票，付款方可能认定为是个人劳务报酬，会扣减 20% 个人所得税。

（3）方便开对公账户转账。个体户没有名称，开立对公账户时，账户名就为个体户+姓名，如"个体户张三"。可以设想，合作的公司给个体户转账的时候，各级审批人员看见"个体户张三"几个字，心中可能怀疑这是不是正常的交易，甚至影响付款。如果个体户有名称，那么开了户就类似公司，银行账户的名称、发票上的名称和营业执照上的名称完全一样，不存在任何麻烦。而如果没有名称，转账的收款方和发票不一样，发票上的销售单位是"张三"，结果转账时收款方叫做"个体户张三"。虽然"个体户张三"就是"张三"，但是有的财务人员会比较谨慎，多了三个字——收款方名称和发票不一样，若根据公司的制度，则不能转钱。

（4）没有名称可能会有更多麻烦。如刻制公章时，名称本来该和执照上名称完全一致，但张三办执照时没取名称，有的地方公安局规定公章上名称应该为"个体工商户张三"，但银行规定应为"个体户张三"。就因为相差"工商"这两个字，银行坚决不给开户。有人想出了办法，刻了两个章，"个体工商户张三"和"个体户张三"各一枚，其中一个是备案公章。即便如此，有时办事还会遇到麻烦，如办理社保。社保局要求提供盖备案公章，现在备案公章是"个体工商户张三"，银行交社保账户是"个体户张三"，执照名称是"＊＊＊"，社保局怎么会给你办社保呢？所以，成立个体户，特别是那些主要和公司开展业务的个体户，最好是取名。

个体户怎么起名称呢？《个体工商户名称登记管理办法》第六条规定："个体工商户名称由行政区划、字号、行业、组织形式依次组成"，即名称为"行政区划+字号+行业+组织形式"四段。

（1）行政区划。《个体工商户名称登记管理办法》第七条规定："个体工商户名称中的行政区划是指个体工商户所在县（市）和市辖区名称。行政区划之后可以缀以个体工商户经营场所所在地的乡镇、街道或者行政村、社区、市场名称。"也就是说，行政区划必须是县（县级市是可以的）、不设区的市或市辖区。如武侯区，金堂县，都江堰市，不能为四川省或成都市。虽然规定可以在县市区后面加上"乡镇、街道或者行政村、社区、市场名称"，但笔者建议不要加。

（2）字号。根据《个体工商户名称登记管理办法》第八条规定："经营者姓名可以作为个体工商户名称中的字号使用。县级以上行政区划不得用作字号，但行政区划的地名具有其他含义的除外。"因此，张三开火锅店可以取名为"武侯区张三火锅店"。

（3）行业。个体户名称中的行业字段和公司类似。《个体工商户名称登记管理办法》第九条规定："个体工商户名称中的行业应当反映其主要经营活动内容或者经营特点，其行业表述应当参照《国民经济行业分类》的中类、小类行业类别名称或具体经营项目。"关于《国民经济行业分类》相关内容在后面讲述经营范围时详述。通常根据所从事的业务选择行业较好。如从事财税咨询业务的，行业字段可取"财务"或"财税咨询"，完整名称为"武侯区张三财务服务部"或"武侯区长城四海财税咨询中心"。还有常见的行业，如"建材""修理"等。如果觉得什么都想做，建议将名称中的行业字段定为"科技"，现在连马桶都是智能的，还有什么没有科技呢？

（4）组织形式。《个体工商户名称管理办法》第十条规定，"个体工商户名称组织形式可以选用'厂'、'店'、'馆'、'部'、'行'、'中心'等字样，但不得使用'企业'、'公司'和'农民专业合作社'字样。"之所以不允许使用"企业""公司"和"农民专业合作社"字样，是避免混淆和其他企业的法律性质，造成误解。通常组织形式和行业这样搭配："建材经营部""汽修店""加工厂""旅馆""饭店""自行车行""服务中心""运输户""收购站"等。如果是服务类的，可取"服务部""咨询中心""科技服务中心"等比较适合。如前文所述某中心的营业执照，原来叫服务部，有一次跟政府机关签约，机关人员说，你这个服务部，感觉很低档，我不好去和领导汇报啊，能不能换一个公司签？后来改用投资咨询中心签了合同。这个投资咨询中心是个人独资企业，由于现在一般也批不到"投资"字样的执照了，所以可将"服务部"改为"中心"。

## 四、个体户经营者

经营者，就是《民法典》所称的"从事工商业经营"的自然人。根据《市场主体登记管理条例》第八条第二款第（四）项规定，个体户需要登记经营者姓名。经营者一般是自己，也可以是家人，如妻子或丈夫。前面讲到，个体户承担的是无限责任，是夫妻那没得说，如果是兄弟姐妹或其他亲友，涉及责任，就要征得对方同意了。这里要注意，为了避免税务风险，至少是避免麻烦，经营者最好不是公司员工。因为这会给税务部门一种关联交易的感觉。实际上，关联交易不是不可以，员工也并非只能从公司取得工资，但税务部门未必这么想。

什么人不能成为经营者呢？《市场主体登记管理条例》中也没有规定。那就参考其他相关的法律规定。

《公司法》第一百四十六条规定："有下列情形之一的，不得担任公司的董事、监事、高级管理人员：

（一）无民事行为能力或者限制民事行为能力；（二）因贪污、贿赂、侵占财产、挪用财产或者破坏社会主义市场经济秩序，被判处刑罚，执行期满未逾五年，或者因犯罪被剥夺政治权利，执行期满未逾五年；（三）担任破产清算的公司、企业的董事或者厂长、经理，对该公司、企业的破产负有个人责任的，自该公司、企业破产清算完结之日起未逾三年；（四）担任因违法被吊销营业执照、责令关闭的公司、企业的法定代表人，并负有个人责任的，自该公司、企业被吊销营业执照之日起未逾三年；（五）个人所负数额较大的债务到期未清偿。"

《个人独资企业法》第十六条规定："法律、行政法规禁止从事营利性活动的人，不得作为投资人申请设立个人独资企业。"

《中华人民共和国合伙企业法》（以下简称《合伙企业法》）第十四条第一项规定："有二个以上合伙人。合伙人为自然人的，应当具有完全民事行为能力。"

从中可以看出，对公司的要求较高，对个体户的和对个人独资企业、合伙企业的要求大致相当。因此，可以归纳为，个体户的经营者，应当具有完全民事行为能力，不得是法律、行政法规禁止从事营利性活动的人。目前，禁止从事营利性活动的人主要是国家公务员、法官、检察官、人民警察和现役军人。

那么在公司上班，并且缴纳了社会保险的人，可否作为个体户的经营者呢？答案是显而易见的，只要没有法律、行政法规禁止，就能做。

如果是几个人合伙办一个个体户呢？通常情况下，几个人合伙，应该办合伙企业，但现实中，开办个体户的很多，原因是个体户计税简便，因为大部分地方对个体户是核定计税，但合伙企业不同。个体户不是公司，不存在股权之说，几个合伙人可以采取协议约定的方式，以其中一人的名义成立个体户。在这种情况下，个体户本来按法律法规是个人，实际却是合伙，合伙协议是否有效，财产如何归属？可参见最高人民法院（2016）最高法民申 2304 号《党某秀、梁某奇与玉田县兰泉机械厂商标权权属纠纷申诉、申请民事裁定书》。

法院认为："个体工商户兰泉厂虽在营业执照上显示为个体工商户，但是根据合伙协议及实际经营情况，实为个人合伙。该经营方式并不违反法律、法规的强制性规定，一、二审判决对企业性质的认定并无不当。协议内容并不与真实情况矛盾，党某秀以协议约定虚假事实而主张协议无效的再审申请理由不能成立。关于商标权归属问题。兰泉厂于 2006 年 11 月 28 日取得涉案 4340871 号商标的商标权，党某秀作为经营者有权处分该商标权。故合伙协议约定涉案商标权归党某秀、梁某奇、毕某国三人所有，是党某秀对涉案商标权的处分，符合法律规定。根据合伙协议的约定，由三人出资接收原公司与彩亭桥信用社抵贷后的全部物资及无形资产，涉案两商标属于无形资产的范畴。而毕某国已于 2010 年 6 月 7 日退伙，并在二审询问中明确表示放弃对涉案商标的商标权。因此，一、二审判决认定涉案两商标归党某秀、梁某奇两人共有，并无不当。"

由此可见，合伙人以个体户名义经营，合伙协议有效，财产归合伙人所有。

几个人合伙成立个体户，这叫多对一，那么一对多，也就是一个人可以成立几个个体户吗？当然可以。例如，上市公司一心堂（股票代码002727）2016 年发布《云南鸿翔一心堂药业（集团）股份有限公司关于全资子公司四川一心堂医药连锁有限公司收购曾某春先生个体经营药店资产及其存货的公告》，全资子公司四川一心堂医药连锁有限公司拟购买曾某春先生个体经营药店合计 8 家门店资产及其存货，所涉及的绵阳市安州区花荄老百姓启星加盟药房等 8 家个体户的经营者均为曾某春。

个体户可以变更经营者吗？通常情况下，个体户不可以变更经营者。原《个体工商户条例》第十条规定："个体工商户登记事项变更的，应当向登记机关申请办理变更登记。个体工商户变更经营者的，应当在办理注销登记后，由新的经营者重新申请办理注册登记。家庭经营的个体工商户在家庭成员间变更经营者的，依照前款规定办理变更手续。"看起来是可以变更经营者，但实际上是原个体户注销，新个体户成立，这是同一个个体户吗？显然不是了。可见原《个体工商户条例》

规定，除家庭经营的个体户可在家庭成员间变更经营者外，其他情况实际不能变更。

现实情况是有大量的个体户具有变更经营者的实际需求，上述规定在一定程度上对个体户的经营带来了不便和负担。若市场监督管理局结合实际情况出台重要举措，允许个体户办理经营者变更登记时，对经营场所不变且有关审批文件仍在有效期内的，无须提交与场所有关的审批文件，这样就能保证个体户经营资格和主体资格的连续性，相关审批许可文件无须因经营者变更而费时费力重新申办，能切实减轻个体户经营者负担，满足个体户自由灵活流转的社会需求。

2017 年 11 月 1 日，国家工商行政管理总局就《个体工商户条例（修订征求意见稿）》向社会公开征求意见，依然是要注销后变更经营者。2018 年 11 月 9 日，司法部就《个体工商户条例（修订送审稿）》向社会公开征求意见，这条规定依然没有变。

2021 年 6 月 24 日，国家市场监督管理总局对十三届全国人大四次会议第 7273 号建议的答复：

> 对于您提出的"建议全国各地参照深圳做法，出台相关规定或指导意见，或者修改《个体工商户条例》第十条，允许个体工商户经营者办理变更"的建议，我们进行了认真研究。我们认为，《个体工商户条例》第十条对经营者变更作出的规定，符合法理并具有重要的现实意义，深圳在地方立法的基础上，开展了个体工商户变更经营者的积极探索，为今后有关问题的研究提供了可参考的经验。
>
> ……
>
> 将继续加强个体工商户有关法律法规和政策研究，持续关注深圳市探索个体工商户经营者变更改革情况，及时总结有关工作经验，进一步研究完善相关规定，促进个体工商户健康发展。

如果对个体户经营者进行变更，就会造成变更前后的个体户指向不同的自然人，实际上已不是同一个主体，将带来法律责任归属、债权债务承担、监管对象适用等一系列问题。所以未支持不注销变更经营者。

《广东省人民政府办公厅关于印发广东省进一步支持中小企业和个

体工商户纾困发展若干政策措施的通知》（粤府办〔2022〕6号）中："鼓励有条件的市开展个体工商户经营者直接变更登记试点。"

国家层面也有了变化。2022年8月18日《市场监管总局等14部门关于开展"全国个体工商户服务月"活动的通知》（国市监注发〔2022〕75号），"全国个体工商户服务月"主要活动之一就是"围绕各领域和本地区出台的惠及个体工商户的减税降费、普惠金融、房租减免、创业就业等优惠政策，以及相关法律法规，广泛开展宣传解读，扩大政策知晓度和惠及面，帮助符合条件的个体工商户享受政策。注重线上线下相结合，充分利用音视频、图文、网络直播、宣传册等各种载体开展灵活多样的宣传活动，营造全社会关心关爱个体工商户的浓厚氛围"。

国家市场监督管理总局围绕便利准入、降低成本、党建引领、优化环境开展活动，发挥登记注册职能作用，研究论证个体户变更经营者的有效路径。由此，部分地方开展个体户变更经营者的试点。如2022年9月30日，重庆市铜梁区市场监督管理局就《关于开展个体工商户经营者变更登记试点工作的通知（公开征求意见稿）》征集意见建议。在铜梁区的征求意见稿中，对不涉及前置许可事项、组成形式为个人经营的个体户，以原经营者与新经营者签订的转让协议为依据向登记机关提出变更登记申请的，准予其变更经营者，统一社会信用代码及成立日期保持不变。原经营者个体户身份灭失。

更进一步，2022年9月26日，国务院常务会议通过《促进个体工商户发展条例（草案）》。其名为"促进"，不注销变更经营者，当然也是促进个体户发展的措施。

2022年10月1日，《促进个体工商户发展条例》终于发布，于2022年11月1日起施行，原《个体工商户条例》同时废止。《促进个体工商户发展条例》第十三条规定："个体工商户可以自愿变更经营者或者转型为企业。变更经营者的，可以直接向市场主体登记机关申请办理变更登记。涉及有关行政许可的，行政许可部门应当简化手续，依法为个体工商户提供便利。"

自此，个体户变更经营者无须注销之事，终于尘埃落定，实在是促进个体户发展的大好举措。

## 五、个体户的组成形式

个体户的组成形式分个人经营和家庭经营。《民法典》第五十六条规定："个体工商户的债务，个人经营的，以个人财产承担；家庭经营的，以家庭财产承担；无法区分的，以家庭财产承担。"《促进个体工商户发展条例》第六条规定："个体工商户可以个人经营，也可以家庭经营。个体工商户的财产权、经营自主权等合法权益受法律保护，任何单位和个人不得侵害或者非法干预。"《市场主体登记管理条例实施细则》第九条第一款第（六）项规定，个体户登记的类型包括"个人经营的个体工商户、家庭经营的个体工商户"。

个体户最典型的家庭经营就是夫妻小吃店了。对于主要和公司开展业务的个体户，建议其组成形式采用个人经营。

## 六、个体户的经营范围

对个体户来说经营范围非常重要，这直接关系到以后能不能开展相应的业务，甚至关乎能不能开具出相应的发票。很多地方对个体户的经营范围审核比较严格，不像公司能写很多经营范围。有些地方的市场监管局管理非常严格，按《国民经济行业分类》（GB/T 4754—2017）审查申请的营业范围不准改。因为《个体工商户登记管理办法》第九条规定："经营范围，是指个体工商户开展经营活动所属的行业类别。登记机关根据申请人申请，参照《国民经济行业分类》中的类别标准，登记个体工商户的经营范围。"如有一个项目招标，要求经营范围是"建设工程管理服务"，经营者去市场监管局申请增加这个经营范围，但监管局说，经营范围只有"工程管理服务"，没有"建设工程管理服务"。一个字也不能加。没办法，最后还是写的"工程管理服务"，差点废标。

如果成立一家与工程咨询公司合作的个体户，主要业务是监理，可查阅《国民经济行业分类》，最接近的行业有两个，编码 7481 的工程管理服务，编码 7482 的工程监理服务。作为监理公司，7482 工程监理服务完全相符，但是市场监管所基本上不会给个体户的经营范围写上工程监理服务，因为工程监理需要资质，虽然现在是后置许可，但个体户是无法取得这个资质的，所以不给办。怎么办呢？申请"工程管理服务"？虽然《国民经济行业分类》中的工程管理服务，并不包括工程监理，但广义上工程监理属于工程管理。可如果写"工程管理服务"还是不允许呢？根据《国民经济行业分类》，工程管理服务是指工程项目建设中的项目策划、投资与造价咨询、招标代理、项目管理等服务。既然如此，就可以写"项目管理"，因为"项目"的概念在建设领域和"工程"的概念差不多，严格地讲，项目比工程的范围还要大得多。

国家统计局针对《国民经济行业分类》编写了《2017 国民经济行业分类注释》，厚厚一大本，基本上每个市场监管局或市场监管所的注册大厅都有此书。有一次我帮客户注册成立医药咨询的个体户，市场监管所人员声称没有这个行业分类，因此不能办此经营范围。经查阅《国民经济行业分类》的确没有医药咨询，只有健康咨询，但客户认为健康咨询不能满足其需要。于是再查阅《2017 国民经济行业分类注释》，对健康咨询解释为："包括下列健康咨询活动：心理咨询服务；营养健康咨询服务；医疗、医药咨询服务。"经和工作人员沟通，最终登记经营范围为"医疗、医药咨询服务"，圆满完成客户委托。

实践中还存在经营范围中行业数量多少的问题。从理论上讲，不管是《个体工商户登记管理办法》《市场主体登记管理条例》《市场主体登记管理条例实施细则》，还是最新的《促进个体工商户发展条例》，并没有限制经营范围中的行业数量。但实践中各地市场监管局不建议个体户写那么多的经营范围。大家知道，很多公司的经营范围写得很长，一大串行业分类，什么都能干，能做建筑工程又能卖日用百货，能做软件开发还能做社会经济咨询，能做房地产开发还能做电器销售，几乎无所不能。但是个体户营业执照上经营范围很少，如果想要增加经营范围就去办公司。所以工商注册个体户时就要据理力争，目前还没有规定经营范围多就不能申请个体户注册的文件，这样是能争取下来的。

前面提到的是工程监理案例，建筑业这种情况更为普遍，劳务需求最多的是建筑，因此建筑业对个体户的需求量很大。但建筑业受资质限制，很难工商注册个体户。不过有的地方管得松，可以注册。例如，四川省隆昌市的隆昌旺宏工程服务队、隆昌友缘工程服务队这两个个体户，经营范围为安装工程、土石方挖运、砌砖等。还有一些领域，如与律师事务所相关的法律咨询，与财税服务相关的会计、审计和税务服务等，也可工商注册个体户。

总之，关于个体户的经营范围，给大家的建议就是实际去当地的市场监管所（局）咨询，因为每个市场监管所（局）掌握都未必一样，要尽可能地说服工作人员。不过现在政策经常更新，大家知道前些年可以随便成立投资公司，但现在带投资字样的原则上不批。所以要打听，要沟通。当然如果实在沟通不了，提起行政诉讼也可以，不过一般人不愿意这样做，不如换个地方去注册。

再补充一个变通的万能的经营范围：商务代理代办服务。《国民经济行业分类》的编码为7297，"指为机构单位提供的各种代理、代办服务。"《2017国民经济行业分类注释》有更进一步的注释。

2020年7月27日，国家市场监督管理总局要求各地均使用《经营范围规范表述目录（试行）》，具体可通过经营范围规范表述查询系统（试用版）进行查询，如图1-8所示。

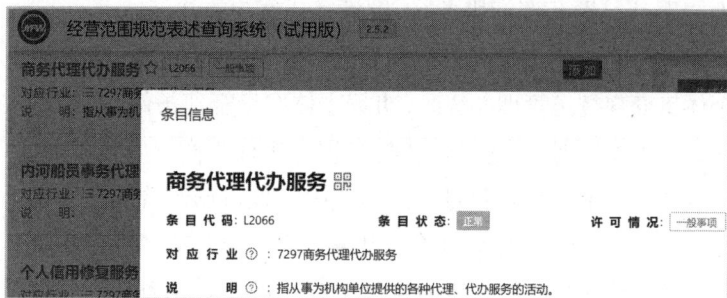

图1-8　商务代理代办服务

如果从税法的角度来看，商务代理代办服务可以当成经纪代理服务，适用于突破资质障碍，代理一切，似乎无所不能，堪称万能经营范围。

## 七、个体户的经营场所

个体户能不能在多个经营场所经营？答案是不可以。因为个体户不是企业，不能设立分支机构。

由于有很多个体户从事无店铺经营，所以很多人就想用最简单的办法，即用自家住宅当注册地址。但是《民法典》第二百七十九条规定："业主不得违反法律、法规以及管理规约，将住宅改变为经营性用房。业主将住宅改变为经营性用房的，除遵守法律、法规以及管理规约外，应当经有利害关系的业主一致同意。"如果你是住在居民小区内，根据《最高人民法院关于审理建筑物区分所有权纠纷案件具体应用法律若干问题的解释》（法释〔2009〕7号〕），"有利害关系的业主"是指"本栋建筑物内的其他业主"。让相关业主同意一般是很难的，这种情况下，还是去另找非住宅性质的房屋为好。如果是农村或镇上自建住宅，自己房屋就是单独的一栋，那就没有问题，自己同意就可以了。实践中，对于城镇居民来说，最简单的办法是借（租）用他人办公楼或商铺。

还有虚拟注册地址的问题，包括集群注册（托管）地址和网店地址。前者是一些地方出台了集群注册管理办法，如《成都市企业集群注册登记管理办法》（成办函〔2015〕199号），可以依托创客空间、众创空间、大学生产业园、企业孵化器、会计师事务所、律师事务所、在工商部门登记的从事集群企业住所托管业务的企业等托管机构，为集群企业提供住所托管业务。如你想成立一家公司，但又没地址也不想租地址（如在家办公做软件开发），就可以和托管机构签约，以他们的住所（地址）为你的法定住所（地址），是公示企业法定的送达地、确定企业司法和行政管辖地。但是，对于工商注册个体户来说，存在两个问题。一是成都的办法是针对企业，而个体户不是企业，所以市场监管局不同意托管，只好改为和托管机构签租房协议；二是一些银行不给托管住所的个体户开户（托管的公司也不开），甚至一些银行查到这个地址上，注册的公司（个体户）多了，也不给开户。

关于网店地址，《关于做好电子商务经营者登记工作的意见》（国市监注〔2018〕236号）规定："电子商务经营者申请登记为个体工商户的，允许其将网络经营场所作为经营场所进行登记。对于在一个以上电子商务平台从事经营活动的，需要将其从事经营活动的多个网络经营场所向登记机关进行登记。允许将经常居住地登记为住所，个人住所所在地的县、自治县、不设区的市、市辖区市场监督管理部门为其登记机关。""以网络经营场所作为经营场所登记的个体工商户，仅可通过互联网开展经营活动，不得擅自改变其住宅房屋用途用于从事线下生产经营活动并应作出相关承诺。登记机关要在其营业执照'经营范围'后标注（仅限于通过互联网从事经营活动）。"

用网店地址当经营场所的营业执照，如图 1-9 所示。

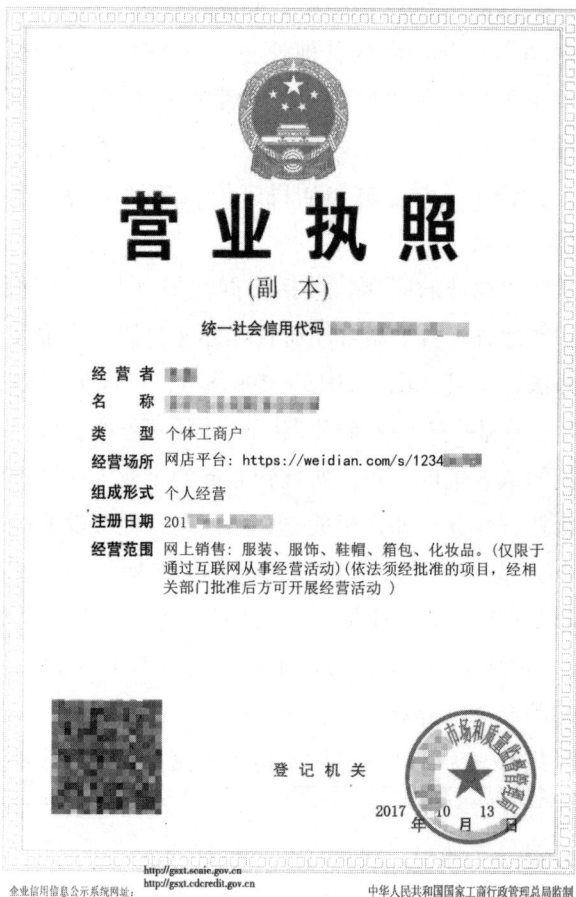

图 1-9　用网店地址当经营场所

虽然可以不要实体地址，但仅限于通过互联网从事经营活动，这可能影响很多业务的开展。因此对大多数个体户而言，采用网店地址行不通。

# 第三节　个体户工商注册之后

个体户工商注册拿到营业执照之后，还需要办理一系列手续，才能开票收款实现成立个体户之目的。当然，随着个体户经营的发展，还可能转为企业。

## 一、刻章、银行开对公账户、税务报到和核票

个体户拿到营业执照后，要办几件事，如刻章、银行开对公账户、税务报到、核票。

1. 刻章

关于刻章，如果不领发票，刻不刻章也无所谓。但建议最好像公司一样，刻四枚章：公章、财务专用章、发票专用章、经营者名章。刻上全套章，可以去申请银行对公账户，去税务局领发票。

2. 开设银行对公账户

个体户就是个人，不在银行开设对公账户也是可以的，很多个体户都没有对公账户，包括和公司开展业务的，直接用个人银行卡收款。但是建议去银行开对公账户，因为：

（1）可以保持收款账户名称和发票上的销售单位名称一致。前面建议个体户取名称，这样转个人银行卡就不一致了。

（2）公司等单位转账给个体户时不会存在公转私的限制。《中国人民银行关于试点取消企业银行账户开户许可证核发的通知》（银发〔2018〕125号）要求加强"公转私"管理，结合《金融机构大额交易和可疑交易报告管理办法》（中国人民银行令〔2016〕第3号）、《中国人民银行关于取消企业银行账户许可的通知》（银发〔2019〕41号）等文件，公转私限制多，监控严。公司将款项转给个体户的对公账户是公转公，就不会存在限制问题。

对公账户是一个俗称，准确叫法是单位银行结算账户。《人民币银

行结算账户管理办法》（中国人民银行令〔2003〕第 5 号）第三条规定："银行结算账户按存款人分为单位银行结算账户和个人银行结算账户。存款人以单位名称开立的银行结算账户为单位银行结算账户。单位银行结算账户按用途分为基本存款账户、一般存款账户、专用存款账户、临时存款账户。个体工商户凭营业执照以字号或经营者姓名开立的银行结算账户纳入单位银行结算账户管理。存款人凭个人身份证件以自然人名称开立的银行结算账户为个人银行结算账户。"第二十四条规定："单位开立银行结算账户的名称应与其提供的申请开户的证明文件的名称全称相一致。有字号的个体工商户开立银行结算账户的名称应与其营业执照的字号相一致；无字号的个体工商户开立银行结算账户的名称，由'个体户'字样和营业执照记载的经营者姓名组成。自然人开立银行结算账户的名称应与其提供的有效身份证件中的名称全称相一致。"

就是说，如果个体户取了名称，如"武侯区长城四海财税咨询中心"，则对公账户的名称也是"武侯区长城四海财税咨询中心"；如果没取名称，经营者叫"张三"，则对公账户的名称只能叫"个体户张三"。

原来开户要等开户许可证办下对公账户才能付款，不过自银发〔2018〕125 号开始取消开户许可证试点起，直到银发〔2019〕41 号，2019 年底全国范围内都取消了开户许可证。

原来只是有部分银行要上门拍照，挂个招牌在门口拍了就行，还有好多银行不用拍照。现在不行了，银行必须上门拍照，还要看是不是真的在这经营，像不像经营场所。有的银行只要有经营场所就可以，不一定要求和营业执照上的地址一样，有的银行要求必须一致。还有的银行甚至要求提供租房合同、支付房租的凭证、物业缴费凭证、水电费缴纳凭证等，不一而足。

不要以为在银行开了户就万事大吉了，后期可能排查。有的个体户，排查时没接电话，被冻结了账户，最后只好注销，换了一家银行开户。推其原因，是国家打击诈骗、洗钱，因此要求从严审核银行开户，只是有时连累了一般的创业者。

日常使用对公账户还要交年费，也有的银行不收，但大银行都是要收的。可以在银行签订代扣税款协议，方便缴纳税款。

在银行开立对公账户后，里面的钱自己可以用吗？或者转个人银行卡。当然可以用。如果是查账征收的个体户，那非用于生产经营的合理支出不能在个人所得税前扣除；如果是核定征收的个体户，通常是按收入的比例交税，依法纳税后的钱可以由个体户自由支配。从法律上讲，个体户属于自然人，也就是个体户的钱就是自己的钱，把个体户对公账户上的钱转给个人银行卡虽然仍是公转私，银行没有限制的理由。

3. 税务报到

关于税务报到，经营者要带上营业执照和身份证、公章、经营场所证明去税务局。税务局要求实名认证，一般要经营者亲自去，不过也可以进行网上认证，具体要看当地税务管理规定。财务负责人、办税人员，可以都填经营者，有代办也可填代办，也要实名认证。如果经营者不懂或不想花精力，建议找代办（代理记账）报税。

4. 核票

税务报到后核定发票才是重点，涉及开票内容和票种、版面。如果不自开发票，只在税务局代开发票，那就不存在领票问题，这得看自开票量、开票是否方便而言。

在实务中，有专门的中介，提供从开办营业执照到刻章、银行开户、税务领票等一条龙服务，在合适的情况下，也可以交给他们办理。

## 二、个体户的年报公示

根据《个体工商户年度报告暂行办法》（国家工商行政管理总局令第 69 号）第三条规定："个体工商户应当于每年 1 月 1 日至 6 月 30 日，通过企业信用信息公示系统或者直接向负责其登记的工商行政管理部门报送上一年度年度报告。"

年报有两种方式：一是网上，通过"全国企业信用信息公示系统"进行填报；二是报送纸质资料到工商部门。一般来说，还是通过网上方便。

根据《个体工商户年度报告暂行办法》第六条规定："个体工商户的年度报告包括下列内容：行政许可取得和变动信息；生产经营信息；

开设的网站或者从事网络经营的网店的名称、网址等信息；联系方式等信息；国家工商行政管理总局要求报送的其他信息。"

如果不按时报送年报，依据《个体工商户年度报告暂行办法》第十三条规定："个体工商户未按照本办法规定报送年度报告的，工商行政管理部门应当在当年年度报告结束之日起 10 个工作日内将其标记为经营异常状态，并于本年度 7 月 1 日至下一年度 6 月 30 日通过企业信用信息公示系统向社会公示。"

如果是企业，列入经营异常名录，会在国家企业信用信息公示系统的名称后面有"该企业被列入经营异常名录，点击查看详情"的字样，如图 1-10 所示。

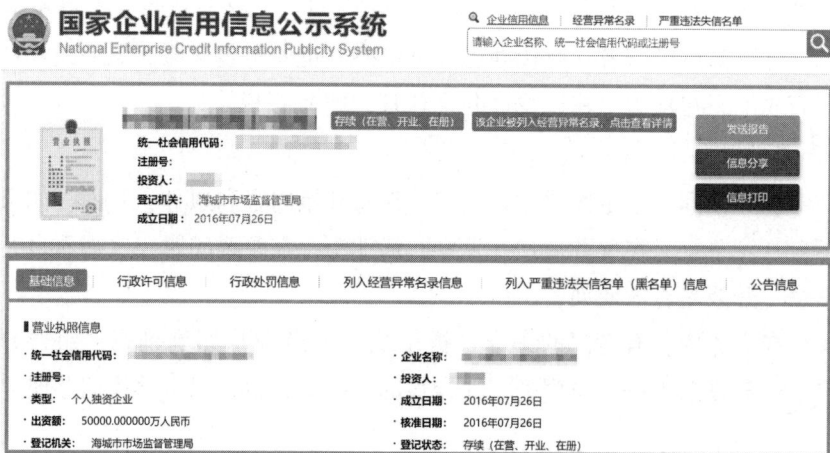

图 1-10 国家企业信用信息公示系统（一）

与企业不同的是，个体户经营异常，在国家企业信用信息公示系统中，只是在经营异常信息中标记，但不会在名称后显示红色标记，如图 1-11 所示。

由于现在是信用社会，经营异常的企业、个体户，可能会被当地市场监管局公告异常信息，在政府采购和招投标等领域可能受到限制。所以个体户要按时年报。

实践中，个体户被列为经营异常，除了未及时年报外，最多的还是注册地址不对，专业术语叫"通过登记的住所或者经营场所无法联系"。这种情况一般是市场监管局请了会计师事务所等中介机构进行抽查，实

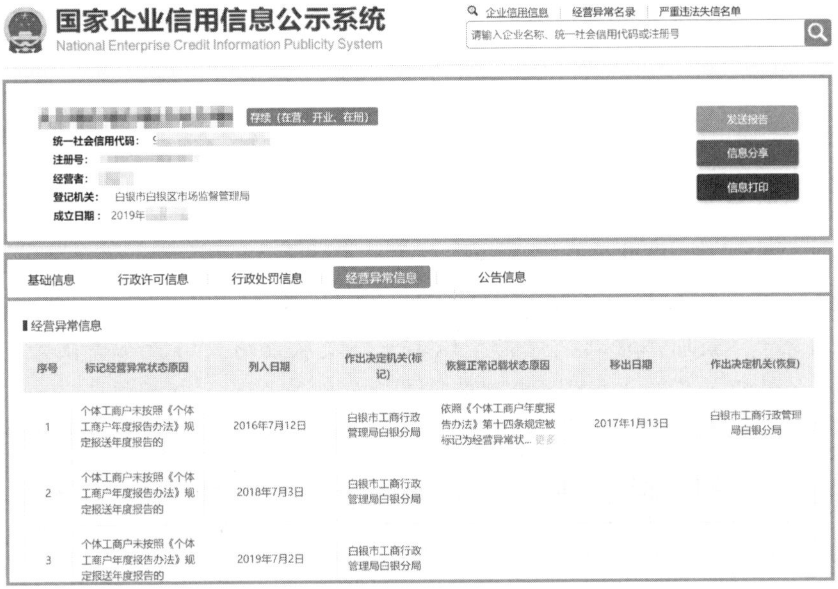


| 序号 | 标记经营异常状态原因 | 列入日期 | 作出决定机关(标记) | 恢复正常记载状态原因 | 移出日期 | 作出决定机关(恢复) |
|---|---|---|---|---|---|---|
| 1 | 个体工商户未按照《个体工商户年度报告办法》规定报送年度报告的 | 2016年7月12日 | 白银市工商行政管理局白银分局 | 依照《个体工商户年度报告办法》第十四条规定被标记为经营异常状... 更多 | 2017年1月13日 | 白银市工商行政管理局白银分局 |
| 2 | 个体工商户未按照《个体工商户年度报告办法》规定报送年度报告的 | 2018年7月3日 | 白银市工商行政管理局白银分局 | | | |
| 3 | 个体工商户未按照《个体工商户年度报告办法》规定报送年度报告的 | 2019年7月2日 | 白银市工商行政管理局白银分局 | | | |

图 1–11　国家企业信用信息公示系统（二）

地检查注册地址上没有这个个体户。那就只有再用一个注册地址，满足上门检查要求，再去补年报。

个体户不像企业，企业被列入经营异常名录必须要报送正确资料后才会移出。个体户的经营异常状态在次年 7 月会自动恢复为正常，前提是次年报了今年的年报，否则会进入第二个异常状态。

## 三、个体户的变更与注销

个体户有成立就可能会有变更或注销。

关于变更，无非是几个基本事项的改变。注册地址变更带上相关资料，组成形式一般不用变，名称、经营者、经营范围变更时还得遵循前面讲过的要点。其中经营者的变更，依据新的《促进个体工商户发展条例》，可以不用注销原个体户。

关于注销，个体户在这方面相比公司是有很大优势的，就是注销快。注销公司必须提前 45 天公告。原来税务注销很难，现在符合条件的可以简易注销，不用查账。但对于核定征收的个体户来说，不用查账，只要不欠税当场可以办理税务注销。工商注销也基本上是当场办结。

## 四、个体户转型企业

依据《促进个体工商户发展条例》第十三条，个体户可以转为企业。是通过注销原个体户再重新申请设立企业，还是直接变更呢？这其实是一个和个体户变更经营者类似的问题。

2022年11月1日，国务院新闻办公室举行《促进个体工商户发展条例》国务院政策例行吹风会。会上，香港《经济导报》记者提问："我们注意到《促进个体工商户发展条例》第十三条规定，'个体工商户可以自愿变更经营者或者转型为企业。变更经营者的，可以直接向市场主体登记机关申请办理变更登记。'请问这里所说的直接办理变更登记是指什么？个体工商户转型为企业是否可以通过这种方式实现？"

市场监管总局登记注册局局长杨红灿回答："感谢您的提问。您的提问包含两个方面的问题，我先回答第一个问题。因为个体工商户财产权、经营权的特殊属性，长期以来，我们对变更经营者有着较为严格的限制。相关法规规定，除了家庭成员之间变更经营者外，其他的经营者变更必须先注销原来的个体工商户，再申请设立新的个体工商户。在制定《促进个体工商户发展条例》的过程中，有很多个体工商户反映，自己经营多年的店铺具有独特的字号和良好的商誉，也取得了相关的行政许可，比如销售食品是需要食品经营方面许可的。如果要想转让给他人，就得先注销再设立，这些无形资产就会灭失。重新办理各种手续会增加大量的成本。据我们了解，现实中很多个体工商户转让自己的店铺后也没有办理经营者变更手续，继任经营者是用原来的营业执照继续经营。这样既不利于保护双方的利益，也存在着法律的风险。因为没有经过登记机关的登记，等于是两个经营者之间的交易。《促进个体工商户发展条例》充分考虑了个体工商户这一痛点，进行了制度的创新，调整了变更经营者的方式，由原来的'先注销、后设立'改为可以直接申请办理变更登记，这也是这次《条例》制定的一个亮点。也就是说，个体工商户可以像企业变更投资人、法定代表人一样变更经营者。这一规定便利了个体工商户经营权的转让，实现了个体工商户变更经营者在成立时间、字号、档案等方面的延续，既降低了制度性交易成本，也有利于个体工商户的持续经营，打造更多的'百年老店'。同时，为了保护他人的合法权益，特别是保护消费者的权益，《促进个体工商户发展条例》也明确规定，'个体工商户变更经营者或者转型为企业的，应当结清依法应缴纳的税款等，对原有债权债务作出妥善处理，不得损害他人的合法权益。'市场监管总局将研究出台具体的操作性规定，指导各级登记机关做好变更经营者的登记。在此，我想做一点提示，直接办理变更登记不是强制性的，个体工商户可以根据自己的意愿选择是直接变更还是'先注销、再设立'。经营者变更涉及一系列法律关系的改变，继任经营者应当详细了解个体工商户当前经营状况和负债情况，审慎作出选择。

第二个问题，个体工商户转变为企业组织形式，简单来说就是'个转企'，是个体工商户扩大经营规模、完善内部治理结构、更好地参与市场竞争的有效方式。但是因为个体工商户和企业的法律性质、组织形式、责任承担方式、名称管理等方面都存在比较大的差异，目前个体工商户还不能通过变更登记的方式直接转变为企业，个体工商户转型为企业需要按照规定，注销原个体工商户，再申请设立企业。《促进个体工商户发展条例》同时规定，个体工商户变更经营者和'个转企'，涉及有关行政许可的，行政许可部门应当简化手续，依法为个体工商户提供便利。下一步，我们将继续加大'个转企'登记的探索力度，更好支持个体工商户做大做强。谢谢。"

看来，在国家政策层面并没有允许个转企采用变更登记方式，而先注销个体户再设立企业将导致品牌等资源难以延续。但是《促进个体工商户发展条例》中也没有明确规定个转企的方式，因此很多地方试点个转企采用变更登记方式。如南通市出台了《南通市"个转企"改革试点实施方案》，支持个转企采取变更登记的方式，延用原个体户统一信用代码，最大限度保留原名称中的字号和行业特征。相信随着改革的推进，最终全国个转企都可以采用变更登记方式。

# 第四节　社会保险与住房公积金

很多人不清楚个体户是否需要缴纳社会保险，更不知道是否需要缴纳住房公积金。其实，社会保险在不同的个体户有不同的规定与选择，住房公积金则是可选择的。

## 一、社会保险

个体户，是否应当参加社会保险？《中华人民共和国社会保险法》（以下简称《社会保险法》）第十条规定："职工应当参加基本养老保险，由用人单位和职工共同缴纳基本养老保险费。无雇工的个体工商户，未在用人单位参加基本养老保险的非全日制从业人员以及其他灵活就业人员可以参加基本养老保险，由个人缴纳基本养老保险费。"

从条款上看，无雇工的个体户可以参加基本养老保险，也可以不参加。实践中，各地个体户参加基本养老保险的同时，都要求办理医疗保险、生育保险、工伤保险、失业保险，有的地方还要求同时办理大病保险之类。因此，可以等同于无雇工的个体户可以参加社会保险，也可以不参加。以下均只讲述其中的基本养老保险。

有雇工的个体户是不是应当参加基本养老保险呢？这得看，什么叫用人单位。严格说，个体户不是单位，民法上清楚地定义为自然人。不过，在不同的法律规范中，单位的定义可大可小，也可将个体户视为单位。《中华人民共和国劳动法》第二条规定："在中华人民共和国境内的企业、个体经济组织和与之形成劳动关系的劳动者，适用本法。"劳动部《关于贯彻执行〈中华人民共和国劳动法〉若干问题的意见》（劳部发〔1995〕309号）第二条第一项规定："劳动法第二条中的'个体经济组织'是指一般雇工在七人以下的个体工商户。"一般雇工在七人以下是怎么回事呢？因为，《个体工商户条例》2011年11月1日才施行，之前管理个体户是依据1987年9月1日起施行的《城乡个体工商户管理暂行条例》。《城乡个体工商户管理暂行条例》第四条第二款规定："个体工商户可以根据经营情况请一两个帮手；有技术的个体工商户可以带三五个学徒。"大家可以算一下，帮手二个加学徒五个，是不是正好七个。《个体工商户条例》已经没有雇工人数限制了，第二十条规定："个体工商户可以根据经营需要招用从业人员。个体工商户应当依法与招用的从业人员订立劳动合同，履行法律、行政法规规定和合同约定的义务，不得侵害从业人员的合法权益。"

结合以上规定，可以得出结论，个体户在劳动和社会保险领域视为组织，也就是单位，雇工也是一种劳动关系。

那么，个体户交社会保险的实际情况如何呢？一般来说，个体户大部分没有交，交的只占少数。现在社保已移交税务局征收，企业特别担心税务局对比个人所得税申报记录，照实发工资缴纳社保，增加企业开支。这也是虽然2018年社保新政策出台，要求由税务局征收社保，但延迟到2020年末才实施的原因。尽管税务局已经全面接手，但实际也未进行个人所得税申报记录对比。由于个体户大部分是核定征收，经营者是否申报从业人员的个人所得税并不影响自己的个人所得税，所以实际上难以掌握。

为满足从业人员的社保需要，在符合中小微企业（含个体户）的一般交社保水平上，该保障还是要保障的，除非合作方式不同。

## 二、住房公积金

个体户不用缴纳住房公积金。《住房公积金管理条例》第二条第二款规定："本条例所称住房公积金，是指国家机关、国有企业、城镇集体企业、外商投资企业、城镇私营企业及其他城镇企业、事业单位、民办非企业单位、社会团体（以下统称单位）及其在职职工缴存的长期住房储金。"规定里只有单位，没有个体户。那么，这里的单位是否和《社会保险法》一样也包括个体户呢？初看这里没有像《社会保险法》第十条第二款那样，专门提到"无雇工的个体工商户"，似乎可以反推出不含个体户。但这也只是推测，可能得出相反结论。

那么我们就来看下各地允许个体户缴纳住房公积金的情况。2018年

9月28日，成都市住房公积金管理委员会印发《成都住房公积金缴存管理办法》，第三条规定："住房公积金缴存范围：国家机关、事业单位、企业、民办非企业单位、基金会、社会团体等组织及其在职职工应缴存住房公积金。年满18周岁且未达到法定退休年龄的个体工商户及其雇用人中、自由职业者以及其他灵活就业人员，可自愿缴存住房公积金。"还有不少地方也出台了类似规定。这些规定的内容都是，个体户和从业人员，自愿缴存住房公积金，目的如《宁波市住房公积金管理委员会关于印发〈宁波市个体工商户和自由职业者住房公积金缴存、使用管理办法（试行）〉的通知》（甬房公委〔2019〕3号）所说，是"让更多职工享受住房公积金优惠政策"，说明《住房公积金管理条例》中的单位不包括个体户。

实践中，很多地方出台政策，个体户及其从业人员可以交住房公积金了。虽然住房公积金的比例是工资的5%～12%，基数是工资，但当地规定可能是自主申报，如宁波市。即便不是自主申报，如成都规定为上一年度平均工资，但实际上还是自己报的。

## 第二章

# 个体户的税收基础

本章将从个体户税收基础讲起，个体户交什么税，交多少税，怎么交税，初学者适用，行家里手亦可当成税收知识小手册。

个体户主要缴纳增值税及附加税费、个人所得税、印花税等。其中附加税费是指城市建设维护税、教育费附加、地方教育附加。虽然还有房产税、城镇土地使用税和消费税等，但大部分个体户不涉及这些税种。故本章只讲述增值税及附加税费、印花税和个人所得税。

## 第一节 增值税及附加税费

增值税及附加税费是个体户必备必知的税费知识，也是个体户、公司都会被征收的税费。

### 一、增值税基本原理与抵扣

通俗地说，增值税就是按增值额交税。假设销售商品收入 100 元，成本 80 元，若增值税率为 13%，则：

增值额＝100-80＝20（元）

应交增值税＝20×13%＝2.6（元）

如果上一环节的成本是60元，卖给本环节为80元，则上一环节增值额也为20元，应交增值税也为2.6元。再上推几个环节，就会发觉，从最初的环节成本为0元开始，到100元之间，无论如何划分，总的增值额仍是100元，各个环节交的增值税加在一起，就是100×13%＝13元。假设本环节一分钱不赚，收入100元，成本100元，则本环节应交增值税为0元。

由于增值税是连环的，既可以堵住税收漏洞，又可以避免重复交税，因此被世界很多国家采用。

理论公式是按增值额交税，但实际是：应交增值税＝增值税销项税额－增值税进项税额。

假设收入100元，成本80元，则：

增值税销项税额＝100×13%＝13（元）

增值税进项税额＝80×13%＝10.4（元）

应交增值税＝13-10.4＝2.6（元）

这样算，结果和按增值额乘以税率一样。那为什么又采用这种方式呢？因为是税收征管的要求。

1. 以票抵扣

对纳税人来说，销售无论是否开票，都须采用规定税率计算增值税销项。但是要减去增值税进项，也就是抵扣，应当有有效的扣税凭证，根据增值税进项税额（或在扣税凭证基础上按规定计算），在进行纳税申报时才能抵扣。最常见的扣税凭证就是增值税专用发票（以下简称专票），此外还有进口货物完税凭证和机动车销售统一发票等。

不考虑进口货物完税凭证等情况，仅就通常的国内货物购销来说，如果上述购进80元的货物时没有取得专票，则：

应交增值税＝13-0＝13（元）

2. 计税基础不含税价

增值税是价外税，而过去的营业税是价内税，即增值税是价格之外收取的税费。然而这个概念普通人不好理解，实践交易中也基本上采用含税价。因此，在本书中不强调价外税的概念。

如收入100元是不含税价，则加上向购买方收取的增值税销项13元，应收含税价为113元。由于通常均以含税价交易，因此，如含税价为100元，则：

不含税价 = 100÷(1+13%) = 88.5（元）

增值税销项税额 = 100−88.5 = 11.5（元）

或：

增值税销项税额 = 88.5×13% = 11.5（元）

即，在增值税率为13%时，每100元商品中有11.5元增值税，不含税价为88.5元。

因此，假设收入100元和成本80元均为含税价，则：

增值税进项税额 = 80÷(1+13%)×13% = 9.2（元）

应交增值税 = 11.5−9.2 = 2.3（元）

## 二、增值税计税方法

增值税的计税方法分为两种：一是一般计税；二是简易计税。一般计税方法就是前面所说的应交增值税等于增值税销项减增值税进项。简易计税方法，就类似于过去的营业税，按收入乘以税率，不抵扣增值税进项。其实，采用简易计税方法时不叫税率，应叫征收率，但通常一般人也统称税率，就连大部分发票中也只有税率一栏而没有征收率，因此本书中并不严格区分。

常用的增值税税率有：

（1）13%，生产销售货物和加工修理修配，有形动产租赁等；

（2）9%，销售天然气等特定货物，销售不动产、不动产租赁，转让土地使用权，建筑、交通运输、邮政、基础电信等；

（3）6%，现代服务、生活服务、转让无形资产（不含土地使用权），如勘察设计、招标代理、审计评估等；

（4）3%征收率，小规模纳税人，一般纳税人的简易计税方法等；

（5）5%征收率，房地产老项目转让和出租、劳务派遣的管理费部分等；

（6）免税（严格说这不是税率），农业生产者自产自销的农产品等。

增值税的简易计税方法和营业税不同的是，计税基础是不含税价，即不含税价为 100 元，税率 3%。

营业税下的计算为：

$100×3\% = 3$（元）

增值税简易计税为：

$100÷(1+3\%)×3\% = 2.91$（元）

简易计税方法的征收率主要有 3%、5% 两种，又以 3% 为主。采用简易计税方法有以下两种情况。

（1）小规模纳税人计税方法。小规模纳税人指收入小于一定金额的纳税人，一般是连续 12 个月应征增值税销售额 500 万元及以下。小规模纳税人采用简易计税方法。

（2）特殊情况简易计税方法。与小规模纳税人相对的是一般纳税人，通常一般纳税人应采用一般计税方法。但在一些特殊情况下，也可以采用简易计税方法，如建筑业的老项目、清包工、甲供材料等可选择简易计税方法。注意，即使是一般纳税人，如果选择简易计税方法也不能抵扣相应部分的进项税额，如建筑公司购进一批钢材，取得增值税专用发票，用于两个工程项目，其中一个采用一般计税方法，这个项目可以抵扣其使用的钢材的进项税额；另外一个采用简易计税方法的老项目，这部分钢材的进项税额就不能抵扣。

根据《增值税一般纳税人登记管理办法》（国家税务总局令第 43 号）第三条规定："年应税销售额未超过规定标准的纳税人，会计核算健全，能够提供准确税务资料的，可以向主管税务机关办理一般纳税人登记。"既然小规模纳税人年销售额不到 500 万元也可以申请成为一般纳税人。那究竟是选择小规模纳税人好还是一般纳税人好呢？

小规模纳税人税率低，即 3%，但不能抵扣进项税；一般纳税人税率高，有 6%、9%、13%，可以抵扣进项税。在特殊情况下也可按 3% 简易计税，也就和小规模纳税人一样了。表面看小规模纳税人的税率低，但是如果进项多，可能一般纳税人交的增值税反而少一些。如前面讲的例子，含税销售额为 100 元，小规模纳税人交 2.91 元增值税；一一般纳税人如果取得含税销售额为 80 元、税率为 13% 的增值税专用发票，只交 2.6 元增值税。但如果是服务业，如咨询服务，基本上没有什么进项发票可以抵扣，那 6% 和 3% 的税率就差别很大了。不过很多地方对于一般纳税人不核定个人所得税，所以一般情况下应选择小规模纳税人。

请注意，小规模纳税人的销售额标准是连续 12 个月（以 1 个月为一个纳税期）或者连续 4 个季度（以 1 个季度为一个纳税期），而不是一个公历年度。也就是说，假设个体户 2022 年 4 月成立，按季纳税，2022 年度销售额 450 万元，但是 2023 年一季度销售额 100 万元，连续 4 个季度销售额超过了 500 万元，自 2023 年 4 月起就会被要求升为一般纳税人。

如果 2023 年 4 月不想转一般纳税人可以吗？分两种情况。

（1）超过 500 万元的原因是偶然销售不动产、无形资产，可以不转。依据是《增值税一般纳税人登记管理办法》（国家税务总局令第 43 号）第二条第三款规定："纳税人偶然发生的销售无形资产、转让不动产的销售额，不计入应税行为年应税销售额。"

（2）必须转，否则按一般纳税人税率计征，但不能抵扣进项税额。《增值税一般纳税人登记管理办法》（国家税务总局令第 43 号）第八条规定："纳税人在年应税销售额超过规定标准的月份（或季度）的所属申报期结束后 15 日内按照本办法第六条或者第七条的规定办理相关手续；未按规定时限办理的，主管税务机关应当在规定时限结束后 5 日内制作《税务事项通知书》，告知纳税人应当在 5 日内向主管税务机关办理相关手续；逾期仍不办理的，次月起按销售额依照增值税税率计算应纳税额，不得抵扣进项税额，直至纳税人办理相关手续为止。"也就是说，如不去办转为一般纳税人的手续，税率将由 3% 升为 6%、9%、13%，还不能抵扣，这样将会损害自己利益，所以必须转为一般纳税人。

## 三、建筑业增值税

鉴于"平台+个体"的模式在建筑业也有应用，而建筑业的增值税有一定特殊性，下面进行简单的介绍。

建筑服务是9%增值税税率，一般纳税人可选择3%简易计税，但和小规模纳税人一样不能抵扣。《财政部、国家税务总局关于全面推开营业税改征增值税试点的通知》（财税〔2016〕36号）（以下简称财税〔2016〕36号）附件2《营业税改征增值税试点有关事项的规定》第一条第（七）项建筑服务规定了3种可以简易计税的情况：

> （1）一般纳税人以清包工方式提供的建筑服务，可以选择适用简易计税方法计税。以清包工方式提供建筑服务，是指施工方不采购建筑工程所需的材料或只采购辅助材料，并收取人工费、管理费或者其他费用的建筑服务。
>
> （2）一般纳税人为甲供工程提供的建筑服务，可以选择适用简易计税方法计税。甲供工程是指全部或部分设备、材料、动力由工程发包方自行采购的建筑工程。
>
> （3）一般纳税人为建筑工程老项目提供的建筑服务，可以选择适用简易计税方法计税。
>
> 建筑工程老项目，是指：《建筑工程施工许可证》注明的合同开工日期在2016年4月30日前的建筑工程项目；未取得《建筑工程施工许可证》的，建筑工程承包合同注明的开工日期在2016年4月30日前的建筑工程项目。

请注意：甲供工程，甲方（发包方）提供设备、材料、动力的比例没有限制。若甲方供应了部分电力，此工程属于甲供工程；但若甲方向施工单位开具了电费发票，那这部分电力属于施工单位购买而非甲方提供，则此工程并非甲供工程（除非提供了其他设备、材料、动力）。

依据财税〔2016〕36号附件2，以及《国家税务总局关于进一步明确营改增有关征管问题的公告》（国家税务总局公告2017年第11号）规定，不管是一般纳税人还是小规模纳税人，在地级行政区域以外施工的情况下，都要异地预缴增值税，然后在注册地申报纳税（可以理解为回来后再补差额）。

适用一般计税方法计税的预缴公式为：

应预缴税款 =（全部价款和价外费用 - 支付的分包款）÷（1+9%）×2%

适用简易计税方法计税的预缴公式为：

应预缴税款 =（全部价款和价外费用 - 支付的分包款）÷（1+3%）×3%

纳税人应按照工程项目分别计算应预缴税款，分别预缴。好在根据《财政部　税务总局发布关于明确增值税小规模纳税人减免增值税等政策的公告》（财政部　税务总局公告 2023 年第 1 号）规定，自 2023 年 1 月 1 日至 2023 年 12 月 31 日，增值税小规模纳税人适用 3% 预征率的预缴增值税项目，减按 1% 预征率预缴增值税。

### 四、以增值税为基数计算的附加税费

城市维护建设税、教育费附加、地方教育附加均是以增值税为基数计算的附加税费。

城市维护建设税的税率分 7%、5%、1% 三档，所在地为市区的税率为 7%；所在地为县城、建制镇的税率为 5%；其他税率为 1%。教育费附加的比例为 3%。地方教育附加的比例为 2%。

例如，当月应交增值税 1 万元，所在地为市区，则：

城市维护建设税 = 10 000×7% = 700（元）

教育费附加 = 10 000×3% = 300（元）

地方教育附加 = 10 000×2% = 200（元）

# 第二节　印 花 税

《中华人民共和国印花税法》第一条第一款规定："在中华人民共和国境内书立应税凭证、进行证券交易的单位和个人，为印花税的纳税人，应当依照本法规定缴纳印花税。"

### 一、税目和税率

印花税的税目和税率，见表 2-1。

表 2-1　印花税税目税率表

| 税　目 | | 税　率 | 备　注 |
|---|---|---|---|
| 合同<br>（指书面<br>合同） | 借款合同 | 借款金额的万分之零点五 | 指银行业金融机构经国务院银行业监督管理机构批准设立的其他金融机构与借款人（不包括同业拆借）的借款合同 |
| | 融资租赁合同 | 租金的万分之零点五 | |
| | 买卖合同 | 价款的万分之三 | 指动产买卖合同（不包括个人书立的动产买卖合同） |
| | 承揽合同 | 报酬的万分之三 | |
| | 建设工程合同 | 价款的万分之三 | |
| | 运输合同 | 运输费用的万分之三 | 指货运合同和多式联运合同（不包括管道运输合同） |
| | 技术合同 | 价款、报酬或者使用费的万分之三 | 不包括专利权、专有技术使用权转让书据 |
| | 租赁合同 | 租金的千分之一 | |
| | 保管合同 | 保管费的千分之一 | |
| | 仓储合同 | 仓储费的千分之一 | |
| | 财产保险合同 | 保险费的千分之一 | 不包括再保险合同 |
| 产权转移书据 | 土地使用权出让书据 | 价款的万分之五 | 转让包括买卖（出售）继承、赠与、互换、分割 |
| | 土地使用权房屋等建筑物和构筑物所有权转让书据（不包括土地承包经营权和土地经营权转移） | 价款的万分之五 | |
| | 股权转让书据（不包括应缴纳证券交易印花税的） | 价款的万分之五 | |

续上表

| 税　目 | | 税　率 | 备　注 |
|---|---|---|---|
| 产权转移书据 | 商标专用权著作权、专利权、专有技术使用权转让书据 | 价款的万分之三 | 转让包括买卖（出售）继承、赠与、互换、分割 |
| 营业账簿 | | 实收资本（股本）、资本公积合计金额的万分之二点五 | |
| 证券交易 | | 成交金额的千分之一 | |

个体户常用的印花税，购销施工运输技术为万分之三，租赁保险为千分之一。

## 二、缴纳须知

印花税缴纳需要注意以下两点：

（1）签订合同就要交印花税，这和是否执行无关。如 2020 年 1 月 20 日签订合同，拟于 2020 年 2 月购买货物一批，但 2 月因疫情影响取消采购，依然要交印花税，因为在 2020 年 1 月 20 日签订合同时就已经发生了纳税义务。

（2）一般咨询合同不属于技术合同，不交印花税。根据《国家税务局关于对技术合同征收印花税问题的通知》（国税地字〔1989〕34 号）规定："技术咨询合同是当事人就有关项目的分析、论证、评价、预测和调查订立的技术合同。有关项目包括：有关科学技术与经济、社会协调发展的软科学研究项目；促进科技进步和管理现代化，提高经济效益和社会效益的技术项目；其他专业项目。对属于这些内容的合同，均应按照技术合同税目的规定计税贴花。""至于一般的法律、法规、会计和审计等方面的咨询不属于技术咨询，其所立合同不贴印花。"

## 第三节　个人所得税

个人所得税，无疑是最热门的税种。2021 年的网络主播补税事件，就是源于偷漏个人所得税。而本书之所以推荐成立个体户，很大的原因也在于很多情况下具有个人所得税优势。

### 一、税率

个体户不缴纳企业所得税，只缴纳个人所得税。选择个体户的重要原因也在于一般情况下缴纳个人所得税较少。

2008 年 1 月 1 日起施行的《中华人民共和国企业所得税法》第一条规定："在中华人民共和国境内，企业和其他取得收入的组织（以下统称企业）为企业所得税的纳税人，依照本法的规定缴纳企业所得税。个人独资企业、合伙企业不适用本法。"这其中没有提到个体户，因为个体户根本不是组织。修改前的《中华人民共和国个人所得税法》（以下简称《个人所得税法》）中有"个体工商户的生产、经营所得"。修改后的《个人所得税法》将"个体工商户的生产、经营所得"与"对企事业单位的承包经营、承租经营所得"合并为"经营所得"。

经营所得适用 5%～35% 的超额累进税率，其税率见表 2-2。

表 2-2　经营所得税率表

| 级　数 | 全年应纳税所得额 | 税　率（%） |
|---|---|---|
| 1 | 不超过 30 000 元的 | 5 |
| 2 | 超过 30 000 元至 90 000 元的部分 | 10 |
| 3 | 超过 90 000 元至 300 000 元的部分 | 20 |
| 4 | 超过 300 000 元至 500 000 元的部分 | 30 |
| 5 | 超过 500 000 元的部分 | 35 |

表中所称全年应纳税所得额是指依照《个人所得税法》第六条的规定，以每一纳税年度的收入总额减除成本、费用以及损失后的余额。

## 二、征收方式

个体户的个人所得税，有查账征收与核定征收两种方式。当然，其中核定征收可能涉及增值税的定期定额，后面讲述定期定额时详述。

查账征收的个体户，应当按照《个体工商户个人所得税计税办法》（国家税务总局令第 35 号）的规定，计算并申报缴纳个人所得税。计算方法为个体户的生产、经营所得，以每一纳税年度的收入总额，减除成本、费用、税金、损失和其他支出，以及允许弥补的以前年度亏损后的余额，为应纳税所得额。而无论是 2018 年修改前或修改后的《个人所得税法》中都没有税金。难道税金不该减除吗？肯定该减。所以只能理解为，个人所得税法中的成本费用，较为广义，已经包含了税金。同时，《个体工商户个人所得税计税办法》的减除项还包括其他支出和允许弥补以前年度亏损，与税金类似，都是细节不同，原则相同。

由于本书推荐个体户办理核定征收，所以省略了查账征收的大部分细节内容。但是，为了达到与核定征收对比的目的，下面就针对查账征收的个体户讲几点。

（1）首先问自己，是否因为向合作公司提供不了发票，才成立个体户？如果回答是，则表面看解决了向合作公司提供发票的问题，但查账征收的个体户又存在自身也需要发票的问题，因此这种情况更适合选择核定征收。

（2）当成自己的钱用，一样进成本费用行不行？《个体工商户个人所得税计税办法》第十六条规定："个体工商户生产经营活动中，应当分别核算生产经营费用和个人、家庭费用。对于生产经营与个人、家庭生活混用难以分清的费用，其 40% 视为与生产经营有关费用，准予扣除。"

（3）给自己工资发高点行不行？《个体工商户个人所得税计税办法》第二十一条第二款规定："个体工商户业主的工资薪金支出不得税前扣除。"

（4）亲朋好友吃喝玩乐费用全拿来报行不行？《财政部 国家税务总局关于调整个体工商户个人独资企业和合伙企业个人所得税税前扣除标准有关问题的通知》（财税〔2008〕65 号）第五条规定："个体工商户、个人独资企业和合伙企业每一纳税年度发生的与其生产经营业务直接相关的业务招待费支出，按照发生额的 60% 扣除，但最高不得超过当年销售（营业）收入的 5‰。"这和企业所得税的规定是一样的。

（5）买车、买房、买设备的钱进成本如何？只能通过折旧进入成本，除特殊情况外，折旧年限从 3 年至 10 年不等。买房折旧至少 20 年，而且平时要交房产税、城镇土地使用税，卖房时还要交比个人更高的税。

因此，除非你营业收入确实非常少，否则个体户还是选择核定征收，既省心也不用建账。有关个体户通过核定征收进行税收筹划，详见第三章。

## 第四节　税收征管

无论是从税务机关角度，还是从纳税人的角度，只有正确地申报缴纳税款，才能完成个体户经营的闭环。

### 一、发票

个体户领发票，理论上和企业是一样的，但实际上可能存在一些限制。以成都市为例，某些区可以领 25 份万元版的普通发票，但不给批专用发票，要开专用发票只能由税务局代开。但其他区，或者某些税务所，可以领专用发票，数量也不等。至于增量、增版，个体户和公司差不多，也得找税务机关申请。个体户小规模纳税人增版较难，增量还是可能的。

### 二、申报

定期定额的个体户，可以简易申报。《个体工商户税收定期定额征收管理办法》第十条规定："实行简易申报的定期定额户，应当在税务机关规定的期限内按照法律、行政法规规定缴清应纳税款，当期（指纳税期，下同）可以不办理申报手续。"这里也只讲了以缴税代替申报，并没有讲一定采用某种方法。本书着重讲述超定额的情况。以成都市为例，有的区超了定额就不能在网上申报，如某区需填增值税的申报表和其他税的申报表。其他税的申报表包括城市维护建设税、教育费附加、地方教育附加、个人所得税和印花税等，名称叫"通用申报表（税及附征税费）"。而另一个区根本不需要，只需要把金税盘中的"增值税普通发票金税设备资料统计"打出来，拿去大厅报就行了。有的区甚至是网上系统自动申报，个体户不用登录，只要保证银行扣税账户有足够的钱扣税就行。如果是核定应税所得率的个体户，或查账征收的个体户，填报"个人所得税经营所得纳税申报表（A 表）"，这个表是按月或按季报送的。但年度终了，在次年 3 月 31 日前，查账征收的个体户要进行汇算，填报"个人所得税经营所得纳税申报表（B 表）"。

《中华人民共和国个人所得税法实施条例》第二十条规定："居民个人从中国境内和境外取得的综合所得、经营所得，应当分别合并计算应纳税额"。"个人所得税经营所得纳税申报表（C 表）"填表要求："本表适用于个体工商户业主、个人独资企业投资人、合伙企业个人合伙人、承包承租经营者个人以及其他从事生产、经营活动的个人在中国境内两处以上取得经营所得，办理合并计算个人所得税的年度汇总纳税申报时，向税务机关报送。"但是，实际上只适用于查账征收和核定应税所得率的个体户，核定附征率的不行。因为，表的第一行就是"投资者应纳税所得额合计"，而核定附征率的纳税是按收入乘以附征率，根本不知道应纳税所得额是多少。当然，在实践中就连查账征收和核定应税所得率的个体户也有一些没有合并汇算。

缴纳税款最好的办法是同银行签订代扣协议，如果没有时间或精力可以找个税务代理公司或者兼职会计，费用一般不超过公司小规模纳税人的服务费。

## 三、注销

个体户的税务注销很容易，只要不欠税，当场就可以注销。当然，这是指定期定额征收的个体户，实务中核定应税所得率的个体户也容易注销，但如果你是查账征收的个体户，则有可能涉及查账。其相关规定详见国家税务总局《关于进一步优化办理企业税务注销程序的通知》（税总发〔2018〕149 号）要求。

## 第五节　减税降费与税收优惠

近年来，国家出台了一系列减税降费政策，税收优惠政策力度大，激发了市场活力。本节针对与个体户相关的主要税收优惠政策进行讲述。

### 一、普遍性税收优惠

大部分个体户可以享受到降税减费带来的普遍性税收优惠政策。

#### 1. 小规模纳税人增值税优惠

新冠疫情期间，为了助力个体户和小微企业复工复产，国家出台了很多税收优惠政策。在增值税方面有《财政部　税务总局关于支持新型冠状病毒感染的肺炎疫情防控有关税收政策的公告》（财政部　税务总局公告 2020 年第 8 号）、《财政部　税务总局关于支持个体工商户复工复业增值税政策的公告》（财政部　税务总局公告 2020 年第 13 号）、《国家税务总局关于支持个体工商户复工复业等税收征收管理事项的公告》（国家税务总局公告 2020 年第 5 号）、《财政部　税务总局关于支持疫情防控保供等税费政策实施期限的公告》（财政部　税务总局公告 2020 年第 28 号）、《财政部　税务总局关于延续实施应对疫情部分税费优惠政策的公告》（财政部　税务总局公告 2021 年第 7 号）、《财政部　税务总局关于对增值税小规模纳税人免征增值税的公告》（财政部　税务总局公告 2022 年第 15 号）、《国家税务总局关于小规模纳税人免征增值税等征收管理事项的公告》（国家税务总局公告 2022 年第 6 号）、《财政部　税务总局关于明确增值税小规模纳税人减免增值税等政策的公告》（财政部　税务总局公告 2023 年第 1 号）、《国家税务总局关于增值税小规模纳税人减免增值税等政策有关征管事项的公告》（国家税务总局公告 2023 年第 1 号）等系列文件。

《财政部　税务总局关于明确增值税小规模纳税人减免增值税等政策

的公告》（财政部 税务总局公告 2023 年第 1 号）规定："一、自 2023 年 1 月 1 日至 2023 年 12 月 31 日，对月销售额 10 万元以下（含本数）的增值税小规模纳税人，免征增值税。二、自 2023 年 1 月 1 日至 2023 年 12 月 31 日，增值税小规模纳税人适用 3% 征收率的应税销售收入，减按 1% 征收率征收增值税；适用 3% 预征率的预缴增值税项目，减按 1% 预征率预缴增值税。"

注意，小规模纳税人要免增值税，不能开增值税专用发票。如果开了专用发票的部分，须按发票上注明的税额缴纳增值税，也就是说只有开普通发票的部分才能够免增值税。另外，只针对 3% 征收率的收入减按 1%，也就是说销售不动产、出租不动产这种 5% 征收率的收入是不能减按的。

另外，小规模纳税人减免增值税的优惠很可能将一直持续。《财政部 国家税务总局关于实施小微企业普惠性税收减免政策的通知》（财税〔2019〕13 号）第一条规定："对月销售额 10 万元以下（含本数）的增值税小规模纳税人，免征增值税"，本来这个通知的执行期限仅到 2021 年 12 月 31 日，但是因为突然而来的新冠疫情。国家先后出台了征收率减按 1%、月销售额 15 万元以下免增值税的政策，再到小规模纳税人不限销售额免增值税直至 2023 年又恢复 10 万元以内免增值税。根据最近几年降税减费的趋势和《增值税法》（征求意见稿）来看，对小规模纳税的增值税优惠政策会持续下去。

2. 六税两费减半征收

《财政部 国家税务总局关于实施小微企业普惠性税收减免政策的通知》（财税〔2019〕13 号）规定："由省、自治区、直辖市人民政府根据本地区实际情况，以及宏观调控需要确定，对增值税小规模纳税人可以在 50% 的税额幅度内减征资源税、城市维护建设税、房产税、城镇土地使用税、印花税（不含证券交易印花税）、耕地占用税和教育费附加、地方教育附加。""本通知执行期限为 2019 年 1 月 1 日至 2021 年 12 月 31 日。"

《财政部 税务总局关于进一步实施小微企业"六税两费"减免政策的公告》（财政部 税务总局公告 2022 年第 10 号）规定："由省、自治区、直辖市人民政府根据本地区实际情况，以及宏观调控需要确定，对增值税小规模纳税人、小型微利企业和个体工商户可以在50%的税额幅度内减征资源税、城市维护建设税、房产税、城镇土地使用税、印花税（不含证券交易印花税）、耕地占用税和教育费附加、地方教育附加。""执行期限为2022年1月1日至2024年12月31日。"

从实际情况来看，各省、市、自治区均按50%减征。注意，与财税〔2019〕13号相比，财政部 税务总局2022年第10号公告不再仅限于小规模纳税人，个体户和小型微利企业即使是一般纳税人也可以享受减税优惠。

3. 10万元以内免教育费附加和地方教育附加

《财政部 国家税务总局关于对小微企业免征有关政府性基金的通知》（财税〔2014〕122号）第一条规定："自2015年1月1日起至2017年12月31日，对按月纳税的月销售额或营业额不超过3万元（含3万元），以及按季纳税的季度销售额或营业额不超过9万元（含9万元）的缴纳义务人，免征教育费附加、地方教育附加、水利建设基金、文化事业建设费。"

《财政部 国家税务总局关于扩大有关政府性基金免征范围的通知》（财税〔2016〕12号）规定："将免征教育费附加、地方教育附加、水利建设基金的范围，由现行按月纳税的月销售额或营业额不超过3万元（按季度纳税的季度销售额或营业额不超过9万元）的缴纳义务人，扩大到按月纳税的月销售额或营业额不超过10万元（按季度纳税的季度销售额或营业额不超过30万元）的缴纳义务人。"由于财税〔2016〕12号只规定"自2016年2月1日起执行"，没有规定结束时间，结合标题为"扩大……免征范围"，以及具体扩大的免征范围来看，按正常理解应该是延续财税〔2014〕122号"至2017年12月31日"结束。

2016年1月27日，国务院常务会议确定金融支持工业增效升级的措施等，将教育费附加、地方教育附加、水利建设基金的免征范围由月销售额或营业额不超过3万元的缴纳义务人，扩大到不超过10万元。免征政策长期有效。

**4. 经营所得不超 100 万元个人所得税减半**

《国家税务总局关于落实支持小型微利企业和个体工商户发展所得税优惠政策有关事项的公告》（国家税务总局公告 2021 年第 8 号）第二条第一项规定："对个体工商户经营所得年应纳税所得额不超过 100 万元的部分，在现行优惠政策基础上，再减半征收个人所得税。个体工商户不区分征收方式，均可享受。"也就是说，不管是查账征收还是核定征收的个体户均能享受。

## 二、特定人员或行业的税收优惠

还有一些与个体户有关的，特定人员或行业能享受的税收优惠政策。

**1. 军转干部免征增值税和个人所得税**

《财政部 国家税务总局关于自主择业的军队转业干部有关税收政策问题的通知》（财税〔2003〕26 号）第一条规定："从事个体经营的军队转业干部，经主管税务机关批准，自领取税务登记证之日起，3 年内免征营业税和个人所得税。"营业税现已经取消了，但是服务的增值税可以免。

财税〔2016〕36 号附件 3《营业税改征增值税试点过渡政策的规定》："从事个体经营的军队转业干部，自领取税务登记证之日起，其提供的应税服务 3 年内免征增值税。"

**2. 随军家属免征增值税和个人所得税**

《财政部 国家税务总局关于随军家属就业有关税收政策的通知》（财税〔2000〕84 号）第二条规定："对从事个体经营的随军家属，自领取税务登记证之日起，3 年内免征营业税和个人所得税。"营业税现已经取消了，但是服务的增值税可以免。

财税〔2016〕36 号附件 3《营业税改征增值税试点过渡政策的规定》："从事个体经营的随军家属，自办理税务登记事项之日起，其提供的应税服务 3 年内免征增值税。"随军家属须有师以上政治机关出具的可以表明其身份的证明。按照上述规定，每一名随军家属可以享受一次免税政策。

注意，上述规定是指从事个体经营而不是企业，而且是应税服务，不包括销售货物和提供加工、修理修配劳务。

### 3. 退役士兵扣减增值税及其他税费

《财政部 税务总局 退役军人部关于进一步扶持自主就业退役士兵创业就业有关税收政策的通知》（财税〔2019〕21 号）第一条第一款规定："自主就业退役士兵从事个体经营的，自办理个体工商户登记当月起，在 3 年（36 个月）内按每户每年 12 000 元为限额依次扣减其当年实际应缴纳的增值税、城市维护建设税、教育费附加、地方教育附加和个人所得税。限额标准最高可上浮 20%，各省、自治区、直辖市人民政府可根据本地区实际情况在此幅度内确定具体限额标准。"这个政策虽然不是免征增值税，但既可以扣减增值税，也可以扣减其他税费。

根据《关于延长部分税收优惠政策执行期限的公告》（财政部 税务总局公告 2022 年第 4 号），财税〔2019〕21 号的执行期限将从 2019 年 1 月 1 日至 2021 年 12 月 31 日，延长至 2023 年 12 月 31 日。

请注意，上述规定是指从事个体经营（非个人独资企业）有税收优惠。

### 4. 重点群体扣减增值税及其他税费

重点群体和退役士兵一样，从事个体户经营，扣减增值税和其他税费。

《财政部 税务总局 人力资源社会保障部 国务院扶贫办关于进一步支持和促进重点群体创业就业有关税收政策的通知》（财税〔2019〕22 号）（以下简称财税〔2019〕22 号）第一条第一款规定："建档立卡贫困人口、持《就业创业证》（注明'自主创业税收政策'或'毕业年度内自主创业税收政策'）或《就业失业登记证》（注明'自主创业税收政策'）的人员，从事个体经营的，自办理个体工商户登记当月起，在 3 年（36 个月）内按每户每年 12 000 元为限额依次扣减其当年实际应缴纳的增值税、城市维护建设税、教育费附加、地方教育附加和个人所得税。限额标准最高可上浮 20%，各省、自治区、直辖市人民政府可根据本地区实际情况在此幅度内确定具体限额标准。"

根据财税〔2019〕22 号第一条第三款规定，建档立卡贫困人口、持《就业创业证》或《就业失业登记证》的人员包括："纳入全国扶贫开发信息系统的建档立卡贫困人口；在人力资源社会保障部门公共就业服务机构登记失业半年以上的人员；零就业家庭、享受城市居民最低生活保障家庭劳动年龄内的登记失业人员；毕业年度内高校毕业生。"

根据《关于延长部分扶贫税收优惠政策执行期限的公告》（财政部　税务总局　人力资源社会保障部　国家乡村振兴局公告 2021 年第 18 号），财税〔2019〕22 号的执行期限将从 2019 年 1 月 1 日至 2021 年 12 月 31 日，延长至 2025 年 12 月 31 日。

5. 残疾人增值税优惠

《财政部　国家税务总局关于促进残疾人就业增值税优惠政策的通知》（财税〔2016〕52 号）规定："对安置残疾人的单位和个体工商户（以下称纳税人），实行由税务机关按纳税人安置残疾人的人数，限额即征即退增值税的办法。安置的每位残疾人每月可退还的增值税具体限额，由县级以上税务机关根据纳税人所在区县（含县级市、旗）适用的经省（含自治区、直辖市、计划单列市）人民政府批准的月最低工资标准的 4 倍确定。""纳税人（除盲人按摩机构外）月安置的残疾人占在职职工人数的比例不低于 25%（含 25%），并且安置的残疾人人数不少于 10 人（含 10 人）。依法与安置的每位残疾人签订了一年以上（含一年）的劳动合同或服务协议。""为安置的每位残疾人按月足额缴纳了基本养老保险、基本医疗保险、失业保险、工伤保险和生育保险等社会保险。""通过银行等金融机构向安置的每位残疾人，按月支付了不低于纳税人所在区县适用的经省人民政府批准的月最低工资标准的工资。""增值税优惠政策仅适用于生产销售货物，提供加工、修理修配劳务，以及提供营改增现代服务和生活服务税目（不含文化体育服务和娱乐服务）范围的服务取得的收入之和，占其增值税收入的比例达到 50% 的纳税人，但不适用于上述纳税人直接销售外购货物（包括商品批发和零售）以及销售委托加工的货物取得的收入。"

要想享受即征即退，需要按《国家税务总局关于发布〈促进残疾人就业增值税优惠政策管理办法〉的公告》（国家税务总局公告 2016 年第 33 号）履行备案手续，还要执行财税〔2016〕52 号和国家税务总局公告 2016 年第 33 号中的其他规定。

残疾人作为经营者的个体户，且没有雇工，能否享受残疾人员本人为社会提供的服务和残疾人个人提供的加工、修理修配劳务免增值税？

财税〔2016〕36 号附件 3《营业税改征增值税试点过渡政策的规定》第一条第（六）项规定："残疾人员本人为社会提供"的服务免增值税。《财政部、国家税务总局关于促进残疾人就业增值税优惠政策的通知》（财税〔2016〕52 号）第八条规定："残疾人个人提供的加工、修理修配劳务，免征增值税。"结合起来，即残疾人个人提供的劳务和服务，免征增值税。

什么是"个人提供"，是否包括残疾人为业主的个体户呢？财税〔2016〕52 号第十条规定："残疾人，是指法定劳动年龄内，持有《中华人民共和国残疾人证》或者《中华人民共和国残疾军人证（1 至 8 级）》的自然人，包括具有劳动条件和劳动意愿的精神残疾人。残疾人个人，是指自然人。"在民法中，个体户就是自然人。

财税〔2016〕36 号附件 1《营业税改征增值税试点实施办法》第一条第三款规定："个人，是指个体工商户和其他个人。"《国家税务总局关于增值税一般纳税人登记管理若干事项的公告》（国家税务总局公告 2018 年第 6 号）第三条规定：" '其他个人' 是指自然人"。

这些文件中的个人包括个体户和其他个人，如此，若残疾人为经营者的个体户，且没有雇工，似可免增值税。很多地方也是这样执行的。

6. 残疾、孤老、烈属减征个人所得税

根据《个人所得税法》第五条规定："残疾、孤老人员和烈属的所得；因自然灾害遭受重大损失的。"可以减征个人所得税，具体幅度和期限，由省、自治区、直辖市人民政府规定，并报同级人民代表大会常务委员会备案。

以四川省为例，川府发〔2019〕26 号《关于明确残疾、孤老人员和烈属所得减征个人所得税等有关政策的通知》规定：

根据《中华人民共和国个人所得税法》第五条规定，结合我省实际，现将残疾、孤老人员和烈属所得减征个人所得税等有关政策通知如下。

一、对残疾、孤老人员和烈属个人取得的综合所得和经营所得予以减征个人所得税。其中：残疾人限额减征年应纳个人所得税税额 6 000 元；孤老人员、烈属限额减征年应纳个人所得税税额 10 000 元。

二、对因自然灾害遭受重大损失的个人，其来源于受灾地区的所得在受灾后三年内（含受灾当年）可减征个人所得税。具体标准为：第一年减征年应纳个人所得税税额的90%，第二年减征年应纳个人所得税税额的70%，第三年减征年应纳个人所得税税额的50%。

根据"个人所得税经营所得纳税申报表（A表）"（国家税务总局公告2019年46号）的填表说明，适用于查账征收和核定征收，第23行"减免税额"：填写符合税法规定可以减免的税额，并附报"个人所得税减免税事项报告表"，表中减免税事项的第一项就是"残疾、孤老、烈属减征个人所得税"。既然这个减免税事项适用于A表，而A表适用于查账征收和核定征收，那么核定征收的个体户，当然也能享受个人所得税的优惠政策。

7. 农业个人所得税暂不征收

《财政部　国家税务总局关于农村税费改革试点地区有关个人所得税问题的通知》（财税〔2004〕30号）第一条规定："农村税费改革试点期间，取消农业特产税、减征或免征农业税后，对个人或个体户从事种植业、养殖业、饲养业、捕捞业，且经营项目属于农业税（包括农业特产税）、牧业税征税范围的，其取得的'四业'所得暂不征收个人所得税。"

## 第三章

# 税收筹划之核定征收

之所以有这么多人或者平台选择工商注册个体户，其根源在于个体户核定征收的税收政策。即便是灵活用工平台，其存在的基础也源于此。如果没有核定征收，许多灵活用工平台将寸步难行。所以，分析"平台+个体"之税收筹划，必先知晓核定征收。

## 第一节　核定征收的法律依据

前面我们讲到，个体户的个人所得税征管方式有两种：一种是查账征收；一种是核定征收。核定征收分为定期定额、核定附征率和核定应税所得率征收三种方式，可以结合。核定征收是个体户最主要的税收优惠政策（虽然严格说这并不是优惠）。

### 一、相关法律规定

《中华人民共和国税收征收管理法》（以下简称《税收征收管理法》）第三十五条规定：

纳税人有下列情形之一的，税务机关有权核定其应纳税额：

（一）依照法律、行政法规的规定可以不设置账簿的；

（二）依照法律、行政法规的规定应当设置账簿但未设置的；

（三）擅自销毁账簿或者拒不提供纳税资料的；

（四）虽设置账簿，但账目混乱或者成本资料、收入凭证、费用凭证残缺不全，难以查账的；

（五）发生纳税义务，未按照规定的期限办理纳税申报，经税务机关责令限期申报，逾期仍不申报的；

（六）纳税人申报的计税依据明显偏低，又无正当理由的。税务机关核定应纳税额的具体程序和方法由国务院税务主管部门规定。

《国家税务总局关于贯彻〈中华人民共和国税收征收管理法〉及其实施细则若干具体问题的通知》（国税发〔2003〕47号）规定："关于税款核定征收条款的适用对象问题。征管法第三十五条、实施细则第四十七条关于核定应纳税款的规定，适用于单位纳税人和个人纳税人。对个人纳税人的核定征收办法，国家税务总局将另行制定。"

《国家税务总局关于印发〈个人所得税管理办法〉的通知》（国税发〔2005〕120号）第四十三条规定："各级税务机关在加强查账征收工作的基础上，对符合征管法第三十五条规定情形的，采取定期定额征收和核定应税所得率征收，以及其他合理的办法核定征收个人所得税。"其规定中"其他合理的办法"是什么呢？根据《国家税务总局关于个体工商户定期定额征收管理有关问题的通知》（国税发〔2006〕183号）第三条规定："个人所得税可以按照换算后的附征率，依据增值税、消费税、营业税的计税依据实行附征。"因此，虽然文件标题针对"定期定额"，但实际上附征率也是一种核定方法。

综上，个体户核定征收个人所得税，可采用定期定额、核定附征率和核定应税所得率三种方式。

## 二、核定条件

满足什么样条件的个体户才能核定征收呢？《税收征收管理法》第

三十五条规定了六种核定的情形，但针对个体户来说，一般是依据（一）、（二）、（四）这三项："（一）依照法律、行政法规的规定可以不设置账簿的"；"（二）依照法律、行政法规的规定应当设置账簿但未设置的"；"（四）虽设置账簿，但账目混乱或者成本资料、收入凭证、费用凭证残缺不全，难以查账的"。

《个体工商户税收定期定额征收管理办法》（国家税务总局令第16号）第三条规定："本办法适用于经主管税务机关认定和县以上税务机关（含县级）批准的生产、经营规模小，达不到《个体工商户建账管理暂行办法》规定设置账簿标准的个体工商户的税收征收管理。"

《国家税务总局关于个体工商户定期定额征收管理有关问题的通知》（国税发〔2006〕183号）第二条规定："对虽设置账簿，但账目混乱或成本资料、收入凭证、费用凭证残缺不全，难以查账的个体工商户，税务机关可以实行定期定额征收。"

对于核定应税所得率的具体操作，国家层面没有文件明确规定，实践中一般参照《财政部 国家税务总局关于印发〈关于个人独资企业和合伙企业投资者征收个人所得税的法规〉的通知》（财税〔2000〕91号），由各地自行出文。这些文件综合起来都差不多，可以归纳为没有账和有账但混乱的，核定征收。

前面已经提过，个体户如为一般纳税人，大部分地方不允许核定征收个人所得税。以四川省文件为例，《国家税务总局四川省税务局关于经营所得核定征收等个人所得税有关问题的公告》（国家税务总局四川省税务局公告2019年第8号）第三条第二款规定："增值税为查账征收的个体工商户、个人独资企业和合伙企业，原则上不得核定征收经营所得个人所得税。"

《增值税一般纳税人登记管理办法》第三条规定："年应税销售额未超过规定标准的纳税人，会计核算健全，能够提供准确税务资料的，可以向主管税务机关办理一般纳税人登记。本办法所称会计核算健全，是指能够按照国家统一的会计制度规定设置账簿，根据合法、有效凭证进行核算。"也就是说，一般纳税人要求健全账，可以理解为增值税查账。按四川省规定是不能核定征收经营所得个人所得税。其他省可能没有出四川省这样的文件，但是，实际操作中也是不给一般纳税人核定征收经营所得个人所得税。是不是都不核定征收经营所得个人所得税呢？这倒也未必，四川省的文件中也只是说"原则上"不得核定征收经营所得个人所得税。

在实践中，大部分地方，只要不是一般纳税人，个体户基本上是核定征收的。至于有一些地方，全部或大部分改为查账征收，将在后文分析。

### 三、定期定额

《个体工商户税收定期定额征收管理办法》对定期定额有详尽的规定，但实践中，有一些变通操作，不过大原则是不变的。根据实践经验，从个体户的角度出发归纳如下。

（1）什么是定额。定额就是核定的应纳税所得额（包括经营数量）或所得额。其实就是核定销售额，因为经营数量可以换算成销售额，所得额也可以根据销售额推算。所谓定额，就是实际销售额少了不管，多了要补。例如，前月定额 30 100 元，附征率 1%，实际销售额只有 20 000 元，仍要交 301 元个人所得税；实际销售额 4 万元，则要交 400 元个人所得税。不过也不是超一点就交的，有一定幅度，由省级机关确定，各省不同，一般是 20% 以内。注意，如果个体户开发票主要是给相关项目公司的，在实际征管中，通常按发票金额和定额两者孰高来交税，不用考虑其幅度。这里要破除一个认识误区，有人认为，个体户交税为定额加开票，如定额 3 万元，开票 4 万元，要按 7 万元交。这是错误的，定额只是相当于保底：少了按定额缴纳，多了按实际数额缴纳，所以应按 4 万元缴纳。

（2）定额标准。通常每个地方都有定额标准，如成都市，一般的个体户，除非是大店，前些年一般核定为 30 100 元。为什么是这个数？因为月销售额 3 万元以内免增值税，所以税务局超过 3 万元才能收税。不过之后 10 万元以内个体户免增值税了，但要给个体户核定超过 10 万元不太现实，因为很多个体户一个月没有 10 万元销售额。所以成都市很多税务所核定还是 30 100 元。通常理论上需要调整定额时，实际上未必调整。《个体工商户税收定期定额征收管理办法》第十九条规定："定期定额户的经营额、所得额连续纳税期超过或低于税务机关核定的定额，应当提请税务机关重新核定定额，税务机关应当根据本办法规定的核定方法和程序重新核定定额。具体期限由省级税务机关确定。"文件是如此，但实际上，自从 10 万元以内都免增值税起，大部分个体户实际销售额低于定额，加之个体户的税收在国民经济中占比又小，数量又多，所以定额标准一般是长期不调。定额并非仅用于个人所得税，还是增值税、城市维护建设税、教育费附加、地方教育附加税等的计税依据。

（3）核定方法。虽然规定了自行申报、核定定额、定额公示、上级核准、下达定额、公布定额等一系列程序，但实际上可以简化为专管员审核、税务所长签字。如果再简化一下，就是专管员说了算。一般是不会上门调查的，但对有些实体店，还是有可能要上门的，如火锅店看下究竟有多大，一间门面的小店和上千平方的大店，显然收入不一样。

（4）附征率。定额乘以附征率，就是个人所得税额。例如，月定额 30 100 元，附征率 1%，则个人所得税为 301 元。

（5）不用建账。《个体工商户税收定期定额征收管理办法》第三条规定："本办法适用于经主管税务机关认定和县以上税务机关（含县级，下同）批准的生产、经营规模小，达不到《个体工商户建账管理暂行办法》规定设置账簿标准的个体工商户（以下简称定期定额户）的税收征收管理。"因此，定期定额的个体户不用设置账簿。

（6）可简易申报。《个体工商户税收定期定额征收管理办法》第十条规定："实行简易申报的定期定额户，应当在税务机关规定的期限内按照法律、行政法规规定缴清应纳税款，当期（指纳税期）可以不办理申报手续。"即若没超定额可以不申报，但若超定额需按期申报，或登录电子税务局查看系统是否已自动申报。

## 四、核定附征率

在定期定额中已经提到了附征率，但附征率并非只有定期定额才能附征，下面结合具体省份或城市讲述实际执行的附征率。

2018 年，《个人所得税法》进行修改，降低了税率。江西省根据《国家税务总局江西省税务局关于经营所得核定征收个人所得税等有关问题的公告》（国家税务总局江西省税务局公告 2019 年第 4 号），降低了个体户个人所得税附征率，见表 3-1。

表 3-1　江西省个体户个人所得税附征率表

| 月核定经营额或所得额<br>（不含增值税） | 行　业 | 附征率<br>（%） |
|---|---|---|
| 3 万元（含）以下 | 不区分行业 | 0 |
| 3 万元以上 10 万元<br>（含）以下 | 不区分行业 | 0.25 |
| 10 万元以上 | 工业、交通运输业、商业、修理修配业 | 0.3 |
| | 建筑安装业 | 0.5 |
| | 娱乐业 | 1.7 |
| | 住宿、饮食等居民服务业 | 0.4 |
| | 其他行业 | 0.8 |

大家可能注意到了，江西省月定额不超过 3 万元的，个体户个人所得税附征率为 0，也就是不交个人所得税。四川省自 2019 年 9 月 1 日起，根据《国家税务总局四川省税务局关于经营所得核定征收等个人所得税有关问题的公告》（国家税务总局四川省税务局公告 2019 年第 8 号）规定，核定征收的个体户，季度销售额不超过 9 万元的，核定个人所得税应纳税所得额为零。

成都市根据《国家税务总局成都市税务局关于个体工商户个人所得税附征率的公告》（国家税务总局成都市税务局公告 2018 年第 10 号），从 2018 年 10 月 1 日起降低了个体户个人所得税附征率，从 0.3% ~ 0.8% 不等，见表 3-2。

表 3-2　成都市个体户个人所得税附征率表

| 行　业 | 附征率（%） |
|---|---|
| 娱乐业 | 0.8 |
| 服务业、餐饮业 | 0.6 |
| 文化体育业、交通运输业 | 0.5 |
| 工业、商业、加工修理业、建筑业 | 0.3 |
| 其他行业 | 0.5 |

以表3-2中的服务业为例，如果一个月开10万元普通发票（100 000÷103%×0.6% = 582.52），即交个人所得税582.52元，免增值税及附加税费，总税收成本不到600元。而那种通过取得虚开发票进行税前扣除的大约也要1.5%，也就是1 500元以上，何况这种是违法的行为，为什么不办个体户呢？

深圳市更猛，根据《国家税务总局深圳市税务局关于经营所得核定征收个人所得税有关问题的公告》（国家税务总局深圳市税务局公告2019年第3号）10万元以内，定期定额个体户个人所得税附征率为0，见表3-3。

表3-3　深圳市个体户个人所得税附征率表

| 月度经营收入 | 附征率（%） |
| --- | --- |
| 10万元以下（含） | 0 |
| 10万元以上至30万元（含）以下的 | 0.8 |
| 30万元以上的 | 1 |

注意：每个市、县都可以自定个体户个人所得税附征率。

## 五、核定应税所得率

所谓核定应税所得率，大体可以理解为个体户个人所得税附征率的二乘法变为三乘法，如，月销售额4万元，个体户个人所得税附征率1%，应税所得率20%，假设这档个人所得率5%。

在附征率算法下：

个人所得税 = 40 000×1% = 400（元）

在应税所得率算法下：

个人所得税 = 40 000×20%×5% = 400（元）

以上是简单示例，为了让大家快速理解核定应税所得率。若要掌握，则可以再多研究下文件。

由于国家层面并没有个体户核定应税所得率的具体办法，所以通常是各地参照《财政部 国家税务总局关于个人独资企业和合伙企业投资者征收个人所得税的规定》（财税〔2000〕91号）（以下简称财税〔2000〕91号）制定。财税〔2000〕91号第九条规定："实行核定应税所得率征收方式的，应纳所得税额的计算公式如下：

应纳税额＝应纳税所得额×适用税率

应纳税所得额＝收入总额×应税所得率或＝成本费用支出额÷（1－应税所得率）×应税所得率

应税所得率应按表3-4规定的标准执行。

表3-4　应税所得率执行标准

| 行　业 | 应税所得率（%） |
|---|---|
| 工业、交通运输业、商业 | 5～20 |
| 建筑业、房地产开发业 | 7～20 |
| 饮食服务业 | 7～25 |
| 娱乐业 | 20～40 |
| 其他行业 | 10～30 |

企业多业经营的，无论其经营项目是否单独核算，均应根据其主营项目确定其适用的应税所得率。"

例如，《青岛市关于简化个体工商户核定征收管理有关事宜的公告》（青岛市地方税务局2018年第2号公告）将原来对个体户核定附征率改为核定应税所得率，其规定和财税〔2000〕91号文基本一样，只是应税所得率有所不同，相对低一些。其中工业、交通运输业、商业，应税所得率5%～10%；建筑业应税所得率7%～10%；饮食服务业应税所得率7%～15%；娱乐业应税所得率20%～30%；其他行业应税所得率10%～20%。

## 第二节　核定征收是最大的税收优惠

核定征收个人所得税是办理个体户的优势，也是最大的税收优惠。

### 一、税费对比

1. 核定征收与查账征收

核定征收的个体户、查账征收的个体户及个人直接在税务大厅代开发票、个人取得工资薪金这几种方式，假设：

（1）个体户为小规模纳税人，提供一次性服务 100 万元，在一个月内完成，当时政策为月销售额不超过 10 万元免增值税；

（2）增值税征收率，减按 1%；

（3）主体均在城区，城市维护建设税率为 7%。城市维护建设税、教育费附加、地方教育附加，为减半征收；

（4）几乎没有成本（交通等小成本可以忽略，不影响税负对比）；

（5）个人所得税方面，核定个人所得税附征率为 1% 或应税所得率10%。（个人在税务大厅也有按劳务报酬和经营所得两种可能，由于各地管理不同，故假设经营所得按 1% 征收。假设工资薪金不考虑全年一次性奖金政策。为简化起见，假设以上收入一年均只取得这一次，所有主体均不考虑社会保险、住房公积金及专项附加扣除，即一年只扣 6 万元。）

个体户和个人代开税费对比，见表 3-5。

表 3-5　个体户和个人代开税费对比表

单位：万元

| 主　体 | 个体户 | | | 个人代开 | | 工资薪金 |
|---|---|---|---|---|---|---|
| 类型 | 核定征收 | | 查账征收 | 劳务报酬 | 经营所得 | |
| 比率 | 附征率 1% | 应税所得率 10% | | | 1% | |
| 含税收入 | 100 | 100 | 100 | 100 | 100 | 100 |
| 销售额 | 99.01 | 99.01 | 99.01 | 99.01 | 99.01 | |
| 增值税 | 0.99 | 0.99 | 0.99 | 0.99 | 0.99 | |
| 附加税费 | 0.06 | 0.06 | 0.06 | 0.06 | 0.06 | |
| 减除费用 | | | 6 | 19.8 | | 6 |
| 应纳税所得额 | | 9.9 | 92.95 | 79.21 | | 94 |
| 个人所得税率 | | 20% | 35% | 40% | | 35% |
| 速算扣除数 | | 1.05 | 6.55 | 0.7 | | 8.592 |
| 个人所得税 | 0.99 | 0.93 | 25.98 | 30.98 | 0.99 | 24.31 |
| 税费合计 | 2.04 | 1.98 | 27.03 | 32.03 | 2.04 | 24.31 |
| 抵扣后税费 | 1.05 | 0.99 | 26.04 | 32.03 | 2.04 | 24.31 |

可能许多读者还看不太懂表3-5中数据是如何计算的，下面将对其主要税费作出简要说明。

（1）增值税。除了工资薪金不需要计算增值税以外，个体户和个人代开都要交增值税。因为是小规模纳税人减按1%交增值税，100÷101%×1%＝0.99万元，实际收入是不含税的销售额，即100－0.99＝99.01万元。当然，如果这100万元是逐月开的，每个月不到10万元，可以免增值税，除非要开专票。个人代开10万元以内的发票，由于各地税务局基本不认可按月只能按次，所以享受不了免征增值税的优惠政策。

（2）附加税费。城市维护建设税7%，教育费附加3%，地方教育附加2%，一共12%。因减半征收，故0.99×12%×50%＝0.06万元。如果个体户改成按月不到10万元的普通发票，可免缴增值税，自然也就没有附加税费了。即使开专票，如果在每月10万元以内，依据财税〔2016〕12号文件，教育费附加和地方教育附加也是可以免的。而个人代开10万元以内发票，如按次，是免不了教育费附加和地方教育附加的。

（3）减除费用。可以减除6万元。劳务报酬，在预缴时可以减除20%，20%的基数是不含税收入，一次性超过5万元，税率为40%（可能当时交得非常高，年度汇算时会降下来）。

（4）应纳税所得额。由于核定附征率（含个人代开核定经营所得）是按收入计算的，因此不列出应纳税所得额。核定应税所得率，应纳税所得额＝收入×应税所得率＝99.01×10%＝9.9万元。查账征收，由于假设成本忽略不计，所以以收入减去附加税费和减除费用。工资薪金只减6万元。劳务报酬，以收入减去20%的减除费用，之所以没减附加税费，是因为这块存在争议，由于并不影响其对比结论，因此就按不减计算对比。

（5）个人所得税。核定附征率和个人代开经营所得核定，以收入乘以核定的比率，即99.01×1%＝0.99万元。其他的情况，用公式"应纳税所得额×税率－速算扣除数"来计算。

通过表3-5对比可以看出：

（1）核定征收税费最低。核定附征率和核定应税所得率差不多（要视核定比率而定）。但一般说来，收入越高，核定应税所得率方式的税费越高。因为所得变高时税率会高，最高可达35%，而附征率通常是不变的。

（2）个人代开缴纳的税费表面上看和核定征收的差不多，但实际上存在风险。因为很多地方税务大厅代开时，不一定当成经营所得，有可能当成劳务报酬，而劳务报酬的个人所得税远高于经营所得。实践中，是否能代开，取决于税务局，具有不确定性。当然，本书后面会专门讲述按经营所得个人代开（一般是指通过专门中介在税务代开），那是另一回事。

个体户可以开专票，目前除了不动产出租出售等特殊情况外，其他个人不能开专票，无法取得抵扣利益。当然，本书后面讲述的通过专门中介或某些地区对个人代开当成代理人可开专票，那是另一回事。

劳务报酬年度汇算和工资薪金交税一样，但当时要多交。由于个人所得税扣缴申报采用累计预扣法，年度汇算时才能退多预缴的税款，因此平时将占用资金。

表3-5是按全年一次性开票计算，若分月则更省。因为个体户月10万元销售额以下，不开专票，免增值税和附加税费。而个人，由于税务局基本执行时按次算，所以难以享受10万元以下的优惠政策。

上面讲的是成本较低的个体户，如果是成本较高的个体户呢？由于工资薪金与成本无关，劳务报酬已经减除20%费用，核定征收的个体户和个人代开核定经营所得也与无成本无关，所以我们只对查账征收时不同的成本进行计算。

为简化起见，不考虑纳税调整，成本费用已去掉经营者工资，分别为0、30、60、90、100，见表3-6。

表3-6　成本费用税费对比表

单位：万元

| 项　目 | 查账征收个体户 | | | | |
|---|---|---|---|---|---|
| 成本费用 | 0 | 30 | 60 | 90 | 100 |
| 含税收入 | 100 | 100 | 100 | 100 | 100 |
| 销售额 | 99.01 | 99.01 | 99.01 | 99.01 | 99.01 |
| 增值税 | 0.99 | 0.99 | 0.99 | 0.99 | 0.99 |
| 附加税费 | 0.06 | 0.06 | 0.06 | 0.06 | 0.06 |
| 减除费用 | 6 | 6 | 6 | 6 | 6 |

续上表

| 项 目 | 查账征收个体户 | | | | |
|---|---|---|---|---|---|
| 应纳税所得额 | 92.95 | 62.95 | 32.95 | 2.95 | −7.05 |
| 个人所得税率 | 35% | 35% | 30% | 5% | 0% |
| 速算扣除数 | 6.55 | 6.55 | 4.05 | 0 | 0 |
| 个人所得税 | 25.98 | 15.48 | 5.84 | 0.15 | 0 |
| 税费合计 | 27.03 | 16.53 | 6.89 | 1.2 | 1.05 |
| 抵扣后税费 | 26.04 | 15.54 | 5.9 | 0.21 | 0.06 |

从表3-6中可以看出：

（1）成本费用越低，个人所得税上升越快。因为是累进税率，应纳税所得额越高，税率越高。

（2）增值税及附加税费不变。小规模纳税人不能抵扣增值税进项税额，因此只和收入有关，即使亏本，也得交增值税及附加税费。

（3）除非利润非常少，否则查账征收税费超过核定征收的个体户。

需要说明的是，成本费用是指取得合法票据（包括工资表之类）的。如果支出时为了省钱不要发票，是不能扣除的。

2. 个体户与公司对比

如上所述，通常核定附征率的个体户更优惠，因此下面以核定附征率的个体户与公司对比，现在换成500万元年收入（正好是小规模纳税人），见表3-7。

表3-7 个体户与公司税费对比表

单位：万元

| 主 体 | 个体户 | 公 司 | 备 注 |
|---|---|---|---|
| 含税收入 | 500 | 500 | |
| 销售额 | 495.05 | 495.05 | |
| 增值税 | 4.95 | 4.95 | |
| 附加税费 | 0.3 | 0.3 | |
| 减除费用 | | 6 | 假设只发老板工资 |
| 应纳税所得额 | | 488.75 | |

续上表

| 主　体 | 个体户 | 公　司 | 备　注 |
|---|---|---|---|
| 企业所得税率 |  | 20% |  |
| 企业所得税 |  | 97.75 |  |
| 净利润 |  | 391 |  |
| 个人所得税率 | 1% | 20% |  |
| 个人所得税 | 4.95 | 78.2 | 假设全部分配 |
| 税费合计 | 10.2 | 181.2 |  |
| 到手收入 | 489.8 | 318.8 | 加上老板工资 |

从表3-7中可以看出，在年收入500万元时，个体户税费合计10.2万元，到手收入489.8万元；公司税费合计181.2万元，到手收入318.8万元。因此，采用核定征收的个体户，通常税费最少。

还有一些税费之外的问题，如不给开某些内容的发票。例如，我有一个房地产企业客户，春节要办坝坝宴答谢新老客户，顺便促销。找了一个农村专门办坝坝宴的个人来承接，预计费用20万元。办之前就专门咨询税务如何处理。我说去税务局代开发票吧。客户去了税务大厅，税务人员说要按劳务报酬扣个人所得税。客户又跑回来问我。我告诉他这是经营所得不是劳务报酬，因为这是一个团队在干活，其帮手还要带锅碗瓢盆、桌椅板凳、液化气灶、菜刀、菜板，等等，还要买肉买菜，这不是经营是什么？于是客户又跑去税务大厅，跟税务人员讲道理，他们同意开票了。客户回来后举办了坝坝宴。然而当客户事后去税务大厅开发票时，税务人员的说法变了，说不能开票，因为你没有餐饮服务许可证。有关代开发票事宜将在本书后面个人代开票时详述。

所以，还是办核定征收个体户吧。有人担心不给办核定征收怎么办？笔者建议换个其他地方去注册。例如，你户口是四川省中江县，居住在成都市郫都区，你可以在成都市金牛区，也可以在成都市青羊区，甚至到深圳市去注册，因为深圳市10万元以内个人所得税为0。经营范围遍及全国，在海南省注册个体户，在成都市开展业务是一样的。除了建筑业，一般不用在外地预缴税。

## 二、会取消核定征收吗

2018 年末，网上充满了标题党的文章。例如，"定了！2019 年 1 月 1 日起，取消个体户定期定额征收！"，如图 3-1 所示。

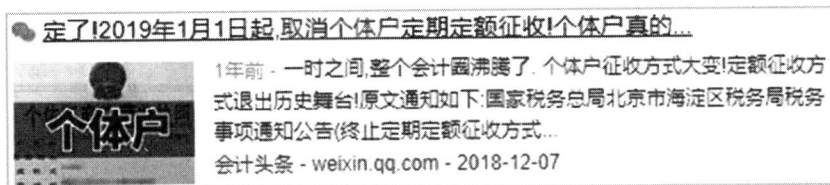

图 3-1　网上标题党文章截图

上网一查，当时除北京市西站地区税务局外，北京市各区局均于 2018 年 11 月 30 日发布了除了税务局名称外内容都一样的关于终止定期定额征收方式的公告。例如，国家税务总局北京市海淀区税务局税务事项通知公告："除由集贸市场代征税款的个体工商户外，自 2019 年 1 月 1 起终止定期定额征收方式。终止定期定额后，个体工商户征收方式转为查账征收。请按照有关规定，及时、足额申报缴纳相关税款。"

难道真的要终止个体户定期定额征收方式了？可能是社会反响太强烈，北京市各区局又统一于 2018 年 12 月 7 日发了除了税务局名称外内容都一样的说明。例如，国家税务总局北京市海淀区税务局，关于《国家税务总局北京市海淀区税务局税务事项通知公告（终止定期定额征收方式）》的说明："我局 2018 年 11 月 30 日发布的《国家税务总局北京市海淀区税务局税务事项通知公告（终止定期定额征收方式）》关于‘自 2019 年 1 月 1 日起终止定期定额征收方式'，是对按照税收征管法及其相关规定应设置账簿的个体工商户实行查账征收方式；不符合设置账簿标准的仍实行定期定额征收方式。"

看清重点，"不符合设置账簿标准的仍实行定期定额征收方式"。那么，设置账簿标准是多少呢？

《个体工商户建账管理暂行办法》第三条规定："符合下列情形之一的个体工商户，应当设置复式账。

（一）注册资金在 20 万元以上的。

（二）销售增值税应税劳务的纳税人或营业税纳税人月销售（营业）额在 40 000 元以上；从事货物生产的增值税纳税人月销售额在 60 000 元以上；从事货物批发或零售的增值税纳税人月销售额在 80 000 元以上的。

（三）省级税务机关确定应设置复式账的其他情形。"

第四条规定："符合下列情形之一的个体工商户，应当设置简易账，并积极创造条件设置复式账。

（一）注册资金在 10 万元以上 20 万元以下的。

（二）销售增值税应税劳务的纳税人或营业税纳税人月销售（营业）额在 15 000 元至 40 000 元；从事货物生产的增值税纳税人月销售额在 30 000 元至 60 000 元；从事货物批发或零售的增值税纳税人月销售额在 40 000 元至 80 000 元的。

（三）省级税务机关确定应当设置简易账的其他情形。"

从税法依据来讲，《国家税务总局关于个体工商户定期定额征收管理有关问题的通知》（国税发〔2006〕183 号）第二条规定："对虽设置账簿，但账目混乱或成本资料、收入凭证、费用凭证残缺不全，难以查账的个体工商户，税务机关可以实行定期定额征收。"

北京市海淀区税务局的初衷可能是为防范税收漏洞出此公告，但其实全国这么大，在任何地区办个体户核定征收都能做北京市的业务。深圳市，虽然核定征收政策很优惠，定期定额的个体户，10 万元以内附征率为 0。但是，一般要有实体店才能办个体户核定征收。

虽然北京、深圳等地对个体户核定征收有所限制，但大部分地方仍然普遍对个体户核定征收。有一些地方也尝试减少个体户核定征收，但个体户对此意见很大，故后来未实施。新冠疫情期间国家支持个体户复工复产，现在还出台了《促进个体工商户发展条例》，在这种情况下，可能会对个体户核定征收采取一定限制措施，但预期不会大范围取消。

有一个可以参考的文件，虽然是企业所得税的核定征收，但在全国对企业所得税几乎取消核定的大背景下，显得意味深长。《国家税务总局关于跨境电子商务综合试验区零售出口企业所得税核定征收有关问题的公告》（国家税务总局公告 2019 年第 36 号）规定：

> "一、综试区内的跨境电商企业，同时符合下列条件的，试行核定征收企业所得税办法：
>
> （一）在综试区注册，并在注册地跨境电子商务线上综合服务平台登记出口货物日期、名称、计量单位、数量、单价、金额的；
>
> （二）出口货物通过综试区所在地海关办理电子商务出口申报手续的；
>
> （三）出口货物未取得有效进货凭证，其增值税、消费税享受免税政策的。
>
> 二、综试区内核定征收的跨境电商企业应准确核算收入总额，并采用应税所得率方式核定征收企业所得税。应税所得率统一按照 4% 确定。"

为什么国家税务总局要发这样的文件，核定"应税所得率统一按照 4% 确定"这么低，是支持新经济吗？"平台+个体"算不算新经济，大家自己去思考。

## 三、为什么不办个人独资企业

当年很多财税中介推荐客户办个人独资企业，当然也有一些附带推荐办个体户的，但不是主流。为什么他们都大力推荐办个人独资企业而不是办个体户呢？

很简单，利益驱使，财税中介要收代办个人独资企业核定征收的服务费，但个体户通常不需要财税中介即可办理核定征收。但是，对广大客户来说，个体户往往税负更低，以县城为例，办个体户几乎不花钱。

虽然《个体工商户税收定期定额征收管理办法》第二十六条规定"个人独资企业的税款征收管理比照本办法执行"。也就是说，个人独资企业也可以定期定额，但实践中很少。例如，在 2011 年，我在成都市办了一家个人独资企业，当时我去税务局，他们跟我说，你本来就没赚什么钱，何必办核定征收呢？于是就没有办核定征收。后来随着业务发展去税务局改办核定征收时已经不准核定征收。成都市基本上取消了个人独资企业核定征收。之所以说基本取消，是因为 2019 年某区招商引资，又引进了一家公司专门来和当地园区搞个人独资企业核定征收。核定征收方式和全国各种税收洼地一样，也是核定应税所得率。中国个人独资企业核定征收最多的地区在哪？在上海。全国还有好多专门从事这种业务的公司，帮助客户在天南海北成立个人独资企业。

既然是核定应税所得率，那么和个体户以核定附征率为主对比，个人独资企业税收成本要高。因为核定应税所得率，是以 10% 为主，乘以最高税率 35%，也就是说，最高时可能接近 3.5%（因有累进因素，所以不足 3.5%）。而个体户的附征率一般在 1% 左右。成都市 0.3%（现在为 0%），深圳市在月销售额 10 万元以内附征率甚至为 0。具体的税费对比，可以参见表 3-5。

那些财税中介打电话来推销注册个人独资企业，为什么？就是为了收服务费。例如，有人打电话来给我说个人独资企业多么的优惠，我就对他说，我在成都市注册个体户，0.3% 或 0.6% 的个人所得税，为什么要找你办个人独资企业呢？又要交服务费，税收成本还高。对方惊讶地说，你核定征收是哪家中介公司在做？他以为我也有一家中介公司。我告诉他，直接去税务局核定就行，不需要找什么中介公司。

那么，是不是一概反对注册个人独资企业呢？未必，只要是对客户好的都可以办。例如，你找不到合适的地址注册个体户或注册地址不容易核定领票，亦或有的地方个人独资企业即使是一般纳税人也能核定征收，一年最多可以开 2 500 万元发票。总之，不管是个体户还是个人独资企业，前提是合适、专业。

不过，个人独资企业，现在已经行不通了。上海市个人独资企业采用核定征收方式的最多，但是 2021 年集中取消，因此注销个人独资企业的人在税务局排起了长队。加之 2021 年末财政部和国家税务总局发布了第 41 号公告《财政部 税务总局关于权益性投资经营所得个人所得税征收管理的公告》，取消了对持有股权等权益性投资的个人独资企业的核定征收，虽然只是针对这种个人独资企业，但实践中大部分税务机关干脆对个人独资企业不再办理核定征收了。所以，最好不要申办个人独资企业。

| 第四章 |

# 个体户与公司合作

本章结合具体案例讲述个体户与公司合作模式的演变过程，以及相关的法律法规和税收政策。

## 第一节　合作模式的转变

个体户与公司合作，在如何将收益转给个体户这部分，曾经历不同阶段，产生不同的合作模式。

### 一、从不要发票到要发票

个体户和公司间的关系应该是合作关系。合作自然是有相关协议的。依据合作各方签订的合作协议，完成合作事项收款是天经地义的。但是收款要提供发票才行。例如，一个个体户拿走 9 万元，就需要给合作公司提供 9 万元发票，然后公司把钱转给个体户，这样做才符合财税规定。但是，很多年前，一些公司不要发票，合作方可以直接将钱拿走。对于核定征收的公司，不要发票成了理所当然的事。2018 年，包括成都市郊县的建筑公司还可以核定征收，公司就不要合作方提供发票，直接拿钱走人。2019 年初，四川省出台文件，不允许对公司核定征收，这条路就堵死了。例如，有一次我给一个建筑商协会讲课，他们正为四川省取消核定征收发愁，问我怎么办，我说规范经营啊！其中有个听众，他有个建筑公司 2019 年前是核定征收，一年有几亿元的收入，2019 年四川省取消了核定征收，但他有好多 2018 年的收入没开发票，所以很着急。结果由于很多建筑公司反映太强烈，后来他所在地区税务局决定，允许在 2019 年底之前可以改 2018 年的申报表。这个听众算是赶上了末班车。

又如，有一家公司会计跟我抱怨说，工程部的人在工地上说你们财务部要求这么奇怪，还要求我们提供发票，那么我们去买材料，别人说没有发票，这个项目还做不做？我们工程部的人做不下来了，你们财务人员自己去做项目吧！当年营改增的时候，特别是建筑行业的人应该非常清楚，很多人都没有要发票的观念，认为财务人员找他要发票是在为难他。工程部动不动就威胁财务，反正没发票，大不了停工，甩锅给财务。老板一听这还得了，工程必须干，转头又找财务人员。财务人员有什么办法呢？

再如，有一次我去某个自治州，从事建筑的人都知道那里买沙子是没有发票的，怎么办呢？可以先去注册个体户，再以个体户的名义去买沙子。个体户每月 10 万元免税限额之内就没有增值税，但是建筑公司买沙的金额很可能会超过这个数，超了也不过是 3% 的增值税。虽然交了增值税，但有增值税专用发票，公司还可以抵扣相应增值税。他们那里的个体户的个人所得税大概是 1%，完全能够承受嘛。否则，买沙子没发票不好办。现在建筑公司结账时都要求对方提供成本发票，而且有些公司的扣点还比较多，除管理费之外，还要扣企业所得税、个人所得税、工会经费、残保金等。

## 二、找发票冲账涉嫌违法

个体户与公司合作，首先得合法合规。如果不合法不合规，再好的合作也会出问题，而通过找发票冲账的方式会涉嫌虚开发票等违规问题。有很多个体户找来的发票与合作公司的业务不吻合。例如，一家监理公司，其合作方提供给汽修厂的竟然是玉柴 285 发动机的发票，这是用在载货卡车上的配件，与监理公司业务毫不相干。又如，一家建筑公司的发票，有很多发票是同一个焊接部的，而且这个焊接部的发票什么业务都有，如制作木门窗、维修电机等几乎无所不能；而另一家公司的发票，同一个人同一天在德阳一个汽车站，既坐车去浙江，又坐车去江苏，两地相隔千里，一天之内怎么分身？更不用说一些用飞机票、广告费、印刷费等发票方式冲账的违规形为。

再讲一个真实案例，即"渝税一稽罚〔2019〕100059 号"税务处罚决定。2012 年至 2015 年期间，重庆极合劳务有限公司在无实际劳务派遣的情况下，向重庆佳维建设工程质量检测有限公司开具通用机打发票 95 份，金额 23 413 189.41 元，向重庆正山工程技术咨询有限公司开具通用机打发票 15 份，金额 4 309 844.00 元，取得违法所得 282 627.53 元。稽查局认定为虚开发票，重庆极合劳务有限公司没收违法所得 282 627.53 元，并处罚款 200 000.00 元。

税务局对买发票的两家公司也进行了处罚。买票公司损失大，其成本一下就少了几千万元，按 25% 补企业所得税实在是一个不小的金额。那买票的两家公司又为什么买票呢？据稽查局所述，重庆佳维建设工程质量检测有限公司是将检测工程业务承包给陈某和戴某二人，取得虚开发票冲抵承包人承包项目的费用支出；重庆正山工程技术咨询有限公司是将检测工程业务承包给刘某，取得虚开发票冲抵承包人承包项目的费用支出。从事工程的人都知道，所谓检测工程业务承包，实践中经常是买发票，不出问题才怪。

找发票冲账只是一种表象，深层次的原因是合作模式出了问题，或者说这样的合作不合法。例如，一家建筑公司收取业主 100 万元，不考虑增值税，或者按税后计算，公司扣 2% 管理费，即 2 万元，不考虑其他扣点（如企业所得税），那就该给合作方 98 万元。合作方实际成本假设是 90 万元，并取得了 90 万元发票，假设都是合法的（实际上经常有问题），利润 8 万元。那这利润怎么拿走呢？找发票合作模式下，就是找 8 万元的发票（包括买票），一共给建筑公司开具 98 万元发票，并拿走 98 万元,这其中找发票的 8 万元就是虚开发票。所以,即便成本费用的票据都是真实的,但利润的票据还是无法做到合规。

### 三、新的合作模式

"平台+个体"就是新的合作模式,也是本书提倡的合作开票模式。在合作开票中,又优先推荐以个体户来开票。个体户本身是具有合法经营资质的,通常这种合作,特别是服务类项目缺少可扣除的成本,税务局已经核定了,就能避免缺成本发票的问题。当然,网络主播被查也与核定征收有关,但他们是有特殊原因的,我们这里讲的合作与之差异极大。

个体户和公司合作,发票开具是真实业务,利润也在发票金额之内,所以不存在虚开发票的问题,合法性有保证。

个体户核定征收的个人所得税肯定是个人承担。核定征收时,个人所得税并不高,只有 1% 左右,成都市过去是 6‰,现在是 0;而四川省其他地方最高是 1.2%,当然也有 1.5%,甚至 1.7%,如四川省康定市。但多数地方在 1% 左右。大家知道,在个人所得税中,工资收入的个人所得税是最高的,最高个人所得税率是 45%。现在个人所得税里面很大一部分是上班族交的。

至于增值税,2023 年小规模纳税人月销售额 10 万元(季销售额 30 万元)以内免增值税,一年 120 万元内免税能满足很多个体户需求。就算月销售额超过 10 万元(年超过 120 万元),也可以开专票,同公司协商由其承担,因这部分税公司可抵扣,则在管理费中减除(管理费在税收之外则不影响)。

个体户开发票可细分为两种模式:一是拿多少钱开多少票;二是正常的成本费用发票在公司记账,归属于个体户的利润,由个体户开票拿走。后一种可算为委托运营或管理外包,将在后面讲述。

## 第二节　买发票冲账被罚案例

有一些人可能还是觉得找发票冲账就好。虽然已经讲了一个重庆市的稽查案例，仍然有很多人仍对找发票冲账的行为不以为然，认为别人都没被抓，为什么会抓我？直到身边有一家公司因找发票冲账被税务局稽查后，才幡然醒悟，立马让其所有的合作方成立个体户。所以，以案说法才能警醒更多人。

有很多做业务的人，对税务的问题不太关注，也没有放在心上，但也能感觉到税收的形势是越来越紧，国家对税务的管理越来越规范。2019 年度第一次全国性的个人所得税的汇算，模式跟美国个人所得税的汇算差不多。原来大家可能没有这方面的意识，但营改增之后，税务局对发票的管理比原来严了很多。

现在税务检查是联动的，不仅是在你这里被查到或发现了什么，而是卖发票那家公司出了问题牵扯到了你。卖发票的公司肯定不是只卖给你一家，只要有一家公司出了问题，所有买这一家公司发票的都要被查。例如，2019 年 12 月 18 日浙江省绍兴市警方发布消息，破获一起特大虚开增值税发票案，案件涉及全国 31 个省、市、自治区，涉案金额达 4 800 余亿元，犯罪团伙在全国各地注册的空壳公司达 28 000 余家。光是开票的空壳公司就有 28 000 余家，那买发票的公司就更多了，至少有几十万家，而且都会被查，而这些买发票的公司不仅要补交增值税款，还要补交 25% 的企业所得税。若按税额 50% ~ 500% 罚款，则损失不小。

下面举几个重庆市虚开发票被查案例。这些案例在重庆市税务的网上可以查到稽查处罚决定。先举几个小额的虚开发票处罚例子，见表 4-1。

**表4-1 重庆市虚开发票被查案例一览表**

| 处罚决定书 | 企业名称 | 违法事由 | 虚开金额（万元） | 处罚（万元） |
|---|---|---|---|---|
| 渝税四稽罚〔2019〕100167号 | 重庆力隆生物技术发展有限公司—发票违法 | 业务员提成提供粉格发票204 999元 | 20 | 5 |
| 渝税五稽罚〔2019〕100192号 | 重庆大成国地工程咨询有限公司—发票违法 | 陈某合作造价咨询，提供粉格普通发票 | 15 | 1 |
| 渝税三稽罚〔2019〕100087号 | 重庆四岸城市综合服务有限公司—其他违法 | 支付点子费取得粉格咨询发票4万元 | 4 | 1 |
| 渝税五稽罚〔2019〕100161号 | 重庆梦鸽文化传播有限公司—发票违法 | 广告实际制作为个人，提供粉格咨询票3万元和另一家公司广告设计与咨询票各3万元 | 3 | 1.2 |

表中第一家公司虚开发票20万元，罚款5万元。取得虚开发票20万元，企业所得税率不考虑优惠是25%，就是5万元的企业所得税，这个税要补交，并不在处罚中体现。罚款5万元，相当于罚款了100%，而且最高可以罚款5倍。也就是说，如果你虚开发票20万元，除了补缴5万元税款外，还可能罚款25万元！

在营改增之前这种处罚较少，那时候各种发票都比较容易取得。营改增之后什么假发票套开发票基本都没有了，因为现在是全国联网查询，所以发票都是真的，但还存在发票和实际交易不符的问题。例如，我有个客户疑似乱买材料票被税务局通知去解释材料库存和发票的问题。税务局人员问，为什么你们公司买了这么多钢材一直没卖，库存在哪里。客户就解释这个库存在工地上的哪个地方。税务人员要求带去看，到了现场看后的确有，就要求报送书面资料，各种进销资料，还要写说明。现在的税务系统跟原来的不同，金三系统自动比对分析，推送异常情况给税务局，税务局的税务专管员或风险管理局人员就要找你了解情况。

有人说材料发票不能买，因为税务人员可以去现场查看和检查进销存资料，那买咨询费、服务费这类发票如何？有一些老板去外地办核定征收的个人独资企业，他们的想法是，反正咨询费、服务费这一类不像材料那么实在，办了个人独资企业就使劲开这种发票。来看下"渝税四稽罚〔2019〕100111 号"税务处罚决定，重庆重载齿轮传动设备有限公司，买了 453 万元的服务费发票，进研发支出。稽查局的决定书中注明："你单位研发拥有专利权的 DMG 系列单边双传动大型水泥磨机减速机等产品，发生了相应的支出，但不能提供与研发、开发、咨询有关的、合理的支出凭据，因此上述虚开的 30 份发票不得准予企业所得税税前扣除。"看来并不是虚的服务就可以乱开发票。最终，稽查局认定偷税 1 144 548.07 元企业所得税，除补交税款外，还处以百分之五十的罚款，即 572 274.04 元。

还有劳务派遣发票问题。过去在建筑公司里，买劳务派遣发票的现象最多，现在很难见到了。为什么喜欢买劳务派遣发票？因为它的成本最低。为什么能这么低？因为有差额征税的规定。我们见过实际增值税负最低的劳务派遣，才万分之二点三五。前面讲述的重庆极合劳务有限公司的案例，买发票约 1%，这显然是劳务派遣发票。但是买发票方该补多少税？25% 企业所得税，再加罚款，不得了啊。如果一家公司出了问题，就像前面所说浙江 4 800 亿元虚开发票案一样，相关的家家都要被查。

如果金额小查不查？还是查。例如，"渝税一稽罚〔2019〕100076 号"税务处罚决定，耐德三井造船（重庆）环境装备有限公司除取得贵州远达腾飞建筑工程劳务有限公司虚开的 30.5 万元劳务发票外，还取得重庆然表企业管理咨询有限公司虚开的 13 504 元咨询费发票，共处罚 5 万元。另外一个咨询费发票只有 13 000 多元，还是被查了。不像有些人想的，金额小了就不查。如果异地税务局查到有虚开的增值税发票，就会给购买方所在地税务局发通知，即发"已证实虚开发票通知单"。本地税务局马上就查，而不是被人举报了，才来查。

即使买票后冲销了发票，也可以未按规定取得发票为由进行处罚。例如，"渝税七稽罚〔2019〕100006 号"税务处罚决定："重庆坤和建筑工程有限公司取得的由福州共邦商贸有限公司开具的 3 份增值税专用发票，金额合计 256 410.25 元，税额合计 43 589.75 元。所涉及货物是坤和建筑工程公司直接向严某购买的，货款也是通过坤和建筑工程公司项目财务人员阮某的个人账户转账至严某的个人账户的，坤和建筑工程公司与福州共邦商贸有限公司没有业务往来。坤和建筑工程公司取得严某提供给自己的由福州共邦商贸有限公司开具的 3 份增值税专用发票后计入了工程成本，于 2018 年 11 月冲销，未造成税收损失，其行为违反了《中华人民共和国发票管理办法》第二十四条第一款第（二）项'任何单位和个人应当按照发票管理规定使用发票，不得有下列行为：知道或者应当知道是私自印制、伪造、变造、非法取得或者废止的发票而受让、开具、存放、携带、邮寄、运输的'规定，属于知道或者应当知道是非法取得的发票而受让的行为。"虽然冲销了，但是税务机关还是对重庆坤和建筑工程公司知道或者应当知道是非法取得的发票而受让的行为处以 10 000 元的罚款。

## 第三节　个体户与公司合作实务

本节讲述的个体户与公司合作实务，主要包括合同、业务资料、发票和结算等内容。

### 一、签订合同

合同明确了个体户与公司合作是何种法律关系，也是避免税务风险的第一道防线。实践中，很多公司收受个体户发票不被税务机关认可，往往是因否定了合作的法律关系，故需要掌握如何签订个体户与公司合作的合同。

1. 合同当事人

个体户与公司合作，在税务上怎样做才能合法合规呢？首先要有一个合作协议，即合同。说起合作协议，我们先来看湖北宝芝灵药业有限公司虚开发票案例。武税一稽处〔2019〕69573 号《税务处理决定书》："查明湖北宝芝灵药业有限公司在 2016 年 3 月 17 日记 31 号凭证中列支会务费 140 000.00 元，并签订《会务费协议》，《会务费协议》中甲方为该企业，乙方为广州华钜君悦酒店有限公司，但《会务费协议》中第四条注明：……由乙方一次性将款项支付给甲方……；第五条注明：……甲方只提供会务服务。财务负责人已确认该笔费用为虚假的协议，税收违法证据已经复印并经财务负责人签字确认，因此认定该《会务费协议》为虚假的协议，该笔费用不符合税法真实性的规定，根据《中华人民共和国企业所得税法》第八条和《中华人民共和国企业所得税法实施条例》第二十七条的规定，本次检查调增应纳税所得额 158 401.89（18 401.89+140 000.00）元。"

这个合作协议犯了一个低级错误，当然被认定为虚开发票。协议中连甲乙双方都没分清楚。通常甲方是购买服务方，乙方是提供服务方，当然你要反过来也可以，但前后应当一致。在协议中，由乙方（酒店）一次性将款项支付给甲方（药业公司），甲方（药业公司）只提供会务服务，发票是乙方（酒店）开给甲方（药业公司）的会务费发票。这是卖药还是开会？正常的合作协议一般不会犯这样的错，连当事人是谁都没有搞清楚。

与公司合作的，一般是个人。签约的时候，基本是以个人名义签订的。这些协议的名称各有不同，常见的有《项目合作协议》《内部承包协议》。既然是合作，那么还是签《项目合作协议》好。签约的时候，若个体户还没成立，只能以自然人姓名签约。后期如何办？

可以在个体户成立后，再以个体户的名义签协议。协议内容就是概括承受原有协议的权利义务。《民法典》第五百五十五条规定："当事人一方经对方同意，可以将自己在合同中的权利和义务一并转让给第三人。"这条就是指概括承受。虽然个体户严格说也不是第三人，但这样做肯定没错。注意要点就是，要尽快成立个体户，好开票。也可以在协议中提前约定成立个体户并承接业务的事宜。可以这样写：乙方应成立有合法执照的经营实体（包括公司、个体户等形式），以及时承接本合同项目下的全部权利义务。乙方应在某年某月某日之前（请根据实际情况修改此处日期，越早越好，最迟应在首笔合作收益分配之前），成立经营实体，并以经营实体向甲方开具发票，收取合作服务费。

### 2. 合作内容

有了合作当事人，就要有合作的具体内容。什么是合作具体内容呢？我们先举一个税务服务合作协议的例子。

#### 税务服务合作协议

甲方：某某税务师事务所

乙方：某某财务服务部

鉴于：

甲方具有税务服务的业务范围和资质，乙方具有需要税务服务的企业资源和从事税务服务的专业人员与能力。

双方根据《民法典》和其他相关法律、法规，就税务服务合作达成一致，订立本协议。

一、合作目标

共同开发税务服务业务，包括但不限于涉税鉴证、税收行政复议、涉税诉讼、税务自查、税务稽查应对、纳税评估、税收筹划等。

二、合作分工

乙方负责开发业务，办理查账、内审、复核、计算、筹划和税务机关沟通等。甲方负责提供业务指导，开具发票。

三、合作期限

暂定为一年，到期如无异议，协议自动延长。

四、合作收益

业务收费，甲方分得20%（含税），乙方分得80%。

乙方应向甲方提供业务收费80%的发票。

五、甲方的基本义务

1. 与乙方诚信合作，为乙方开展工作提供便利，向乙方提供与服务事项相关的情况和资料。

2. 如有关的情况和事实发生变化，应及时告知乙方。

3. 提供相应的资质和具有相应资质的人员。

4. 向乙方提出的要求不应与法律及会计职业道德和职业纪律的规定相冲突。

六、乙方的基本义务

1. 必须遵守职业道德和执业纪律。

2. 应当勤勉尽职，依法在合同约定范围内维护甲方的最大利益。

3. 尽量安排专业人员进行服务，和甲方保持紧密联系。

4. 对甲方的商业秘密或个人隐私应当保守秘密。

七、生效、违约处理及其他约定事项

1. 本协议书在签署后生效。

2. 双方之间发生争议的，应当进行协商，在无法通过协商和调解方式的情况下，任何一方均可向人民法院起诉。

3. 本协议书未尽事宜，甲乙双方应持积极态度友好协商解决。

4. 本协议书一式两份，甲乙双方各执一份，效力相同。

我们再举一个工程监理项目合作协议的例子。

## 某某项目（或某某类项目）合作协议

甲方：某某监理有限公司

乙方：某某工程管理服务部

双方根据《民法典》和其他相关法律、法规，就业务合作达成一致，订立本协议。

一、合作内容

某某项目（或某某类项目）监理。

二、合作分工

甲方负责收款、开票、合同履约保证金等事务性工作，乙方负责某某项目合同中的监理等实质性工作。

乙方在某某项目的具体工作内容主要包括：

··········

以上内容如与监理合同不符，以监理合同为准。

三、合作期限

与某某项目合同期相同，如实际服务延长，则合作期限顺延。

四、合作收益

甲方按含税总收入 20% 取得事务管理收益，乙方按总收入 80% 取得现场管理收益。乙方应按取得收益的金额向甲方开具工程项目管理服务相关的发票。

…………

当然，上述这两份合作协议是简化版的合同。

在合作模式对比中我们讲过，除了这种简单的分成合作模式外，还可以有委托运营或管理外包等方式，将在后文中讲述。

## 二、完善业务资料

有了合同并不代表存在真实的交易，还要有相关的证据作为辅佐，即需要有业务资料，就像上一节讲到的企业因钢材库存被税务局人员约谈的案例，确实有钢材实物，有购销合同、有采购和交付单据，有发票有支付，资料都齐全，在税务局那里才过了关。

如果是服务类的，没有实物怎么办呢？在上一节买票被罚案例中已经举了一些业务不真实的例子。服务费，以为自己没有实物，税务局就拿自己没办法了，结果还是被罚了。以咨询服务为例，可能存在成果，如咨询报告，或者没有书面报告，只是去客户单位开了一个座谈会，发表了咨询意见，可以有影像资料，有会议记录。如果是监理服务，有监理日志，上面有监理人员的签名，还有监理人员的现场工作照。

当然，还有人别出心裁。例如，某企业要给中介方几十万元介绍费，签订培训协议。但我们并不提倡这样做，对于变名开咨询费的，出事也是常有的。例如，审计署公布《中国冶金科工集团有限公司 2012 年度财务收支审计结果》（2014 年第 19 号），其中"南京临江老城改造建设投资有限公司签订虚假节能方案咨询服务合同支付筹集购地资金补偿费 814.98 万元"。这还算好的，因为毕竟还是发生了支出，虽然不是发票上的支出内容。但还是逃不过税务稽查。近年来查了不少财务造假的企业，所以大家要重视。

## 三、发票和结算

关于发票与结算问题不得不提到"三流一致"。《国家税务总局关于加强增值税征收管理若干问题的通知》（国税发〔1995〕192 号）第一条第三项规定："购进货物或应税劳务支付货款、劳务费用的对象。纳税人购进货物或应税劳务，支付运输费用，所支付款项的单位，必须与开具抵扣凭证的销货单位、提供劳务的单位一致，才能够申报抵扣进项税额，否则不予抵扣。"这就是传说中"三流一致"的来源。其实通知只是说到收款方必须是开票单位，没有说付款方必须是购买单位，和"三流一致"差得太远。而且只是不能抵扣，并不算虚开发票。况且现在是营改增了，销售对象不限于货物或应税劳务。虽然取得的发票要由销售方开具，不一致也未必有问题，但能"三流一致"最好。

"渝税四稽罚〔2019〕100078号税务处罚决定"即是货物流与发票流不一致的案例。重庆市大渡口区饰伦劳保服装厂被税务稽查局认定取得虚开专用发票价税合计100万元，税款145 299.18元，属于偷税行为。对所偷增值税、城市维护建设税分别予以0.5倍的处罚，罚款金额为77 735.06元。这个厂是在个人那里买了货物，但是想要专票抵扣，然后就找重庆市荣昌区汇圣卓商贸有限公司虚开了增值税专用发票。稽查局认为，你单位实际在个人某某处购买货物，却取得了重庆市荣昌区汇圣卓商贸有限公司开具的增值税专用发票的情形属于《国家税务总局关于纳税人取得虚开的增值税专用发票处理问题的通知》（国税发〔1997〕134号）第二条的从销货地以外的地区取得专用发票的情形并且进行了申报抵扣，因此属于《税收征收管理法》第六十三条第一款之规定进行虚假的纳税申报，属于偷税行为。处以0.5倍的罚款其实是比较低的罚款了，因为税额已经够判刑标准了。

这个案子是典型的"有货虚开"，但是不是真的属于虚开发票呢？也未必。由于详情不明，不好确定。根据现在的一些案例和理论，应以合同名义来判断，即此案中的某某个人，如果确实以商贸公司的名义和服装厂签订合同，则即使是自己供的货，依然不属于虚开发票。

结算方面，为避免麻烦，款项转给开票方最好。不过个体户有个特点，个体户就是自然人，很多个体户也没开对公账户，所以可以直接转给个人银行卡。尽管如此，还是推荐个体户开对公账户，把钱转给对公账户。

# | 第五章 |

# 其他个体税收方式

所谓其他个体税收方式是指除个体户以外其他个体方式的税收。在很多情况下，个体户优于个人独资企业，但这也不是绝对的，有时个体户与个人独资企业相差不多，在法律方面可能个人独资企业更有优势，因为个人独资企业毕竟是企业。我们主张办个体户，但不排斥采用个人独资企业、合伙企业、灵活用工平台乃至税务临时登记等方式。综合起来说，如果是合作之类，量少单笔金额多，用个体户不错；如果是灵活用工，人非常多，单个人的金额少，可考虑灵活用工平台；如果偶尔搞一次大额居间，在税务局以个人名义代开发票最方便

鉴于"平台+个体"中个体是以个体户方式为主的，所以本章对个体户以外的其他个体税收方式就不像前面讲述个体户那样详细，而是相对简单地加以介绍。

## 第一节 个人独资企业

虽然前面已经对个体户和个人独资企业进行了税收对比，但大多是

个体户采用定期定额、核定附征率，个人独资企业采用核定应税所得率。而实际上也可以反过来。在第三章讲述个体户核定征收时，我们举了青岛市的例子，个体户核定应税所得率。至于个人独资企业，虽然《个体工商户税收定期定额征收管理办法》第二十六条规定"个人独资企业的税款征收管理比照本办法执行"，但实际上全国绝大部分地方没有对个人独资企业采取定期定额征收，也有极个别地方和个体户一样，核定附征率。

## 一、个人独资企业的优缺点

1. 与个体户相比，个人独资企业的优点

（1）可以办理资质。目前很多资质必须是企业才能办理。

（2）符合招标要求。有些招标要求必须提供企业的营业执照，但个体户并非企业。虽然评标专家也经常把个体户当成企业，正常评标，但存在风险。

（3）可以股权投资。个人独资企业可以登记为公司的股东。

2. 与个体户相比，个人独资企业的缺点

（1）个人所得税高。大多数地方核定个人独资企业是核定应税所得率，通常情况下，比个体户的个人所得税略高。

（2）股权投资相关个人所得税高。在股权分红方面，《国家税务总局关于〈关于个人独资企业和合伙企业投资者征收个人所得税的法规〉执行口径的通知》（国税函〔2001〕84号）第二条规定："个人独资企业和合伙企业对外投资分回的利息或者股息、红利，不并入企业的收入，而应单独作为投资者个人取得的利息、股息、红利所得，按利息、股息、红利所得应税项目计算缴纳个人所得税。"即利息和分红要单独交20%个人所得税。而股权转让，原来可以核定，但财政部和国家税务总局2021年发布了第41号公告，持有股权等权益性投资的个人独资企业不能再核定征收，则35%的税率将是一大劣势。

（3）可能有社保问题。因为是企业，所以必须缴纳社保。当然，现在实际上对个人独资企业的社保管理较松，对核定征收的个人独资企业更是掌握不了有没有工资，所以交不交社保没啥影响。

## 二、个人独资企业的法律定义

根据《个人独资企业法》（主席令第〔1999〕20号）第二条规定："本法所称个人独资企业，是指依照本法在中国境内设立，由一个自然人投资，财产为投资人个人所有，投资人以其个人财产对企业债务承担无限责任的经营实体。"

### 1. 非法人组织

个体户是个人，在《民法典》中是放在自然人一章。公司是法人，而个人独资企业是非法人组织。但尽管如此，个人独资企业毕竟是企业，因此与个体户相比能享受一些不同待遇。

2020年因新冠疫情，国家决定减免企业的社保。《人力资源社会保障部 财政部 税务总局关于阶段性减免企业社会保险费的通知》（人社部发〔2020〕11号）标题就写明了企业。个体户算不算企业？不算，无法享受减免政策。直到《市场监管总局 发展改革委 财政部 人力资源社会保障部 商务部 人民银行关于应对疫情影响 加大对个体工商户扶持力度的指导意见》（国市监注〔2020〕38号）才明确："有雇工的个体工商户以单位方式参加企业职工养老保险、失业保险、工伤保险的，参照《人力资源社会保障部 财政部 税务总局关于阶段性减免企业社会保险费的通知》（人社部发〔2020〕11号）中的企业办法享受单位缴费减免和缓缴政策。"注意其中的"参照……企业"。也就是说，个体户不是企业。

例如，《成都市人民政府办公厅关于印发成都市企业集群注册登记管理办法的通知》（成办函〔2015〕199号）第二条规定："集群注册，是指多个企业以一家托管机构的住所（经营场所）地址，作为住所登记，并由该托管机构提供住所托管服务，形成企业集群集聚发展的注册登记模式。"通俗一点，就是和托管机构签一个托管协议，没有实际办公地址，也一样可以办企业。因此托管机构的地址，可以注册成千上万家企业。但当我依照此办法注册个体户时，却在市场监管局碰了钉子，因为工作人员说，个体工商户不是企业，不能托管。

### 2. 财产与负债

《个人独资企业法》已经明确个人独资企业"财产为投资人个人所

有"，这也是税收筹划的重要依据。《个人独资企业法》第八条"设立个人独资企业应当具备下列条件"第三项规定"有投资人申报的出资"，第十条"个人独资企业设立申请书应当载明下列事项"第三项规定"投资人的出资额和出资方式"。不过实际上，对此几乎没有管理，既没人验资，也没见工商查处过出资不实，税务局也不管。

个人独资企业由于是无限责任，所以与公司不同，与个体户类似。只是在《个人独资企业法》第二十八条规定："个人独资企业解散后，原投资人对个人独资企业存续期间的债务仍应承担偿还责任，但债权人在五年内未向债务人提出偿债请求的，该责任消灭。"若五年内都没提出清偿要求，即使是个体户，也过了诉讼时效了吧，而诉讼时效本来只有三年。

相比个体户注销当场办理，个人独资企业解散与公司类似，也需要清算。只不过清算的通知、公告时间和方式，与公司略有差别。清算时，清偿顺序和公司差不多，但是为无限责任，因此《个人独资企业法》第三十一条规定："个人独资企业财产不足以清偿债务的，投资人应当以其个人的其他财产予以清偿。"

### 三、个人独资企业的税收和征管

个人独资企业以投资者个人为纳税人，缴纳个人所得税。与个体户一样，分为核定征收与查账征收，不过现在核定征收的个人独资企业越来越少，通常采用核定应税所得率的征收方式，只有极少的采用核定附征率。

根据《财政部 国家税务总局关于印发〈关于个人独资企业和合伙企业投资者征收个人所得税的规定〉的通知》（财税〔2000〕91号），个人独资企业应税所得率，见表5-1。

表5-1　个人独资企业应税所得率

| 行　业 | 应税所得率 |
| --- | --- |
| 工业、交通运输业、商业 | 5%～20% |
| 建筑业、房地产开发业 | 7%～20% |

续上表

| 行　业 | 应税所得率 |
|---|---|
| 饮食服务业 | 7%～25% |
| 娱乐业 | 20%～40% |
| 其他行业 | 10%～30% |

假如是商业，核定应税所得率为 5%，则可以结合经营所得个人所得税税率，计算出个人所得税的税负。经营所得个人所得税税率，见表 5-2。

表 5-2　经营所得个人所得税税率表

| 级　数 | 全年应纳税所得额 | 税　率（%） |
|---|---|---|
| 1 | 不超过 30 000 元的 | 5 |
| 2 | 超过 30 000 元至 90 000 元的部分 | 10 |
| 3 | 超过 90 000 元至 300 000 元的部分 | 20 |
| 4 | 超过 300 000 元至 500 000 元的部分 | 30 |
| 5 | 超过 500 000 元的部分 | 35 |

表中最低一档，5%×5% = 0.25%；最高一档，5%×35% = 1.75%。不过这也不准确，因为税率为累进，所以实际上比这略低。若是核定征收，则绝大部分只针对小规模纳税人，在 500 万元时，5% 应税所得率，只有 25 万元应纳税所得额，只够第 3 级税率 20%，则 5%×20% = 1%，故个人所得税较少。

不过通常办个人独资企业的大多数是服务业，也就是财税〔2000〕91 号中的其他行业。应税所得率为 10%～30%，实践中通常按 10% 核定，最低一档 0.5%（10%×5%）；最高一档 3.5%（10%×35%）。由于小规模纳税人 500 万元乘以 10% 只有 50 万元应税所得额，小规模纳税人可按 3%（10%×30%）算最高。当然，有的地方允许一般纳税人核定征收，则 3.5% 应税所得率也是可以接受。

个人独资企业核定征收的，在月报或季报时应填报"个人所得税经营所得纳税申报表（A 表）"，年末不用汇算，即不用填报"个人所得

税经营所得纳税申报表（B 表）"。"个人所得税经营所得纳税申报表
（C 表）"适用于有两处以上经营所得的个人独资企业，进行年度汇总
纳税申报。如何填表，这涉及专项附加扣除等具体问题，一时难以讲
清，况且这方面的资料较多，故不再讲述。

### 四、个人独资企业已消失的股权转让税筹

前文提过，个人独资企业曾几何时，可以用来搞股权转让的税收核
定。例如，某公司的所有者权益是 1 亿元，假设公允价值也完全相同，
无其他特殊事项，如图 5-1 所示。

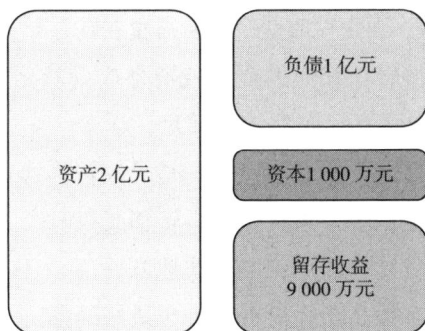

图 5-1　公司资产情况

该公司由张三完全持股，实收资本与注册资本均为 1 000 万元，如
图 5-2 所示。

现在把公司全部股权转让给李四，作价 1 亿元，如图 5-3 所示。

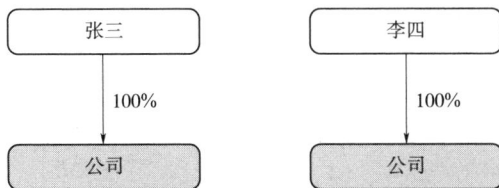

图 5-2　公司持股情况　图 5-3　转让后公司持股情况

那么，张三应交个人所得税 =（10 000-1 000）×20% = 1 800（万元）。

如何筹划其操作办法呢？通常需要两步：第一步把公司个人股东所
持的股权转移到个人独资企业，如图 5-4 所示；第二步再把个人独资企

业所持的股权转让给购买方，如图 5-5 所示。

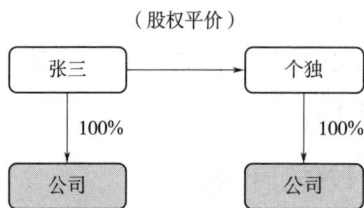

图 5-4　股权转让筹划的第一步　　　　图 5-5　股权转让筹划的第二步

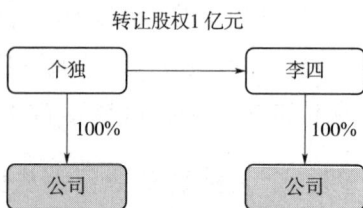

在假设个人独资企业核定征收为 10% 应税所得率的情况下，即 10%×35% ＝3.5%，由于速算扣除数相对大额股权转让的税额而言较少，因此就简化按 3.5% 来算，则张三应交个人所得税 350 万元（10 000×3.5%）。

由此可见，直接转让和通过个人独资企业（核定）转让对比惊人，即个人所得税由 1 800 万元变为 350 万元。

为达到这样的目的要满足两点：一是股权转移到个人独资企业时不交个人所得税；二是从个人独资企业再转移股权时个人独资企业为核定征收。简而言之，一是找依据，二是找地方。

除此之外，还有什么路径没有？有，最好的办法，跳过上述股权转让筹划的第一步，在个人独资企业设立之初就以个人独资企业当股东，或者在早期尚未增值时就转为个人独资企业股东，这样自然在增值后转让时，不存在第一步。股权转让筹划的第二步，也可转变思路，即转让个人独资企业，如图 5-6 所示。很多人可能没想过这点，因为他们不知道个人独资企业可以转让，或没有实际转让过。

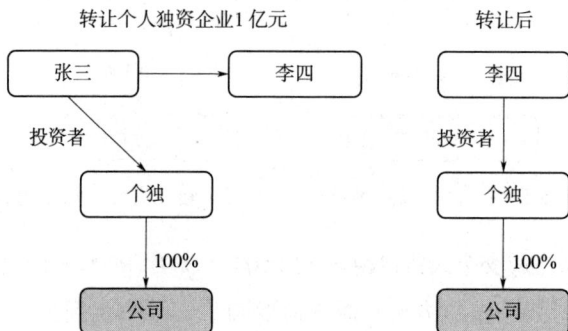

图 5-6　转让个人独资企业

请注意，转让个人独资企业也是有利有弊。利在于大部分地方对个人独资企业转让管得较松，不一定要找特别的地方。弊在于转让个人独资企业时没扣个人所得税，存在税务风险。如果是为了少交个人所得税而表面上平价转让，日后按实际价值再转让时可能要多交税。

前文讲过，一是找依据，二是找地方。

（1）什么是依据。主要是指把个人持有的股权过户给以这个人为投资者的个人独资企业不收个人所得税的依据。股权转让收不收个人所得税？最常用的文件依据是《股权转让所得个人所得税管理办法（试行）》（国家税务总局公告2014年第67号）第三条规定："本办法所称股权转让是指个人将股权转让给其他个人或法人的行为，包括以下情形：（一）出售股权；（二）公司回购股权；……。"

请注意，是"转让给其他个人或法人"，而个人独资企业不是法人，是非法人组织。所以不适用国家税务总局2014年第67号公告规定。虽然实践中有些地方的税务局参照这个文件来收转让给个人独资企业、合伙企业股权转让的个人所得税，但毕竟底气不足。

我们再深入探究一下，公司个人股东所持的股权转移到个人独资企业，甚至并非转让。根据《个人独资企业法》第二条规定："本法所称个人独资企业，是指依照本法在中国境内设立，由一个自然人投资，财产为投资人个人所有，投资人以其个人财产对企业债务承担无限责任的经营实体。"而公司性质不同，根据《公司法》第三条规定："公司是企业法人，有独立的法人财产权。公司以其全部财产对公司的债务承担责任。"也就是说，公司财产独立于股东个人。

股东拥有什么财产呢？只有公司股权，而公司的具体财产，如房屋设备等是公司的，不是股东个人的。相比之下，个人独资企业无论是房屋还是设备都是投资人个人所有。因此，即使是登记在个人独资企业名下也只是登记名称不同，不改变财产所有权，并非转让。

在实践中，在市场监管局办理股权变更通常会要求提交转让协议，但这并不等于税法上股权进行了转让。

（2）什么是地方。理论上是指所有核定个人独资企业税收的地方。但实际上，如果涉及股权转让，对不起不能办，哪怕事先已核定了个人独资企业的应税所得率。理由也很充足，国家规定不能对股权转让类的企业核定。而且通常政策也会变，所以按这种方式筹划一般是通过财税中介操作的。请注意，有好多财税中介能办理核定征收，但办理不了股权转让核定，所以转让后，一般都会尽快注销个人独资企业，避免后患。费用方面，财税中介一般要收 2%~3% 的服务费，加上核定征收的个人所得税 5.5%~6.5%，这与 20% 个人所得税相比当然还是少。

然而，这一切随着《财政部 税务总局关于权益性投资经营所得个人所得税征收管理的公告》（财政部 税务总局公告 2021 年第 41 号）的发布成为过眼云烟。《财政部 税务总局关于权益性投资经营所得个人所得税征收管理的公告》规定：

> 一、持有股权、股票、合伙企业财产份额等权益性投资的个人独资企业、合伙企业（以下简称独资合伙企业），一律适用查账征收方式计征个人所得税。
>
> 二、独资合伙企业应自持有上述权益性投资之日起 30 日内，主动向税务机关报送持有权益性投资的情况；公告实施前独资合伙企业已持有权益性投资的，应当在 2022 年 1 月 30 日前向税务机关报送持有权益性投资的情况。税务机关接到核定征收独资合伙企业报送持有权益性投资情况的，调整其征收方式为查账征收。

本来自然人直接持有公司股权转让，个人所得税 20%。个人独资企业和合伙企业个人所得税 35%。注意，虽然规定税率是 5%~35%，但实际上大部分股权转让金额和差价都很大，远远超过 50 万元所得，所以基本可以按 35% 税率算。2022 年，有不少地方当年核定交了股权转让个人所得税的，还被税务机关要求按查账征收与个人所得税税率 35% 补税。

### 五、税筹分红能节约吗

说起个人独资企业对公司投资的分红，很多办理税筹的机构宣称可以通过个人独资企业核定征收节约分红个人所得税，能节约吗？

《国家税务总局关于〈关于个人独资企业和合伙企业投资者征收

个人所得税的规定〉执行口径的通知》（国税函〔2001〕84 号）第二条规定："个人独资企业和合伙企业对外投资分回的利息或者股息、红利，不并入企业的收入，而应单独作为投资者个人取得的利息、股息、红利所得，按利息、股息、红利所得应税项目计算缴纳个人所得税。"

个人独资企业的核定征收，只针对生产经营所得，既然分红属于红利所得，那只能 20% 交个人所得税。那么，这些办理"税筹"的机构宣称的个人独资企业分红节税，又是怎么回事呢？说白了，就是把要分的红利，让个人独资企业开具发票，通常是以咨询费的名义。例如，某公司一年赚了 1 000 万元，就成立两家个人独资企业，每家开具 500 万元咨询费发票。如此，不但没有分红个人所得税，就连企业所得税也没有了。

可是个人独资企业给公司开具的发票，内容是经不起推敲的。例如，有一次一个世界 500 强企业的财务总监听到"税筹"的某机构宣传，觉得很新鲜，给我大力推荐。我以为又有什么来自世界 500 强的节税奇招，结果一听，原来是"猫""宝""税筹"方案。我反问他合法吗？是虚开吗？他说好像合法节税。我笑了，你自己想想嘛，现在是没人查而已。

其实，走虚构业务的方法开具发票，这是一种低级暴力的方法。如果真想通过个人独资企业税收筹划，应该是组织重构。怎么进行组织重构在第七章讲述。

总之，不管是个人独资企业还是个体户，与公司之间合作，那就要名正言顺合法合规，否则就会有真假平台之分，有转移利润之嫌。

## 第二节　合伙企业

合伙企业，是指自然人、法人和其他组织依照《合伙企业法》在中国境内设立的普通合伙企业和有限合伙企业，属于《民法典》中的非法人组织。普通合伙人对合伙企业债务承担无限连带责任，有限合伙人以其认缴的出资额为限对合伙企业债务承担责任。合伙企业本身既不缴纳企业所得税也不缴纳个人所得税，由自然人合伙人缴纳经营所得个人所得税，计税方法与个人独资企业基本相同，故也常用于"平台＋个体"的模式中。

## 一、合伙企业利与弊

在核定征收个人独资企业个人所得税的地方，往往也核定征收合伙企业，其优缺点大体和个人独资企业相同。但是，实践中除股权转让外，采用核定征收合伙企业的很少。因为如果只是为了解决发票问题，个人独资企业也够了，何必成立合伙企业？人多了，涉及办手续签字时需要亲自到场等，协调就会很麻烦。

问题的关键还不在这里，在于目前的合伙企业基本不是从事实体经营的，而是投资的，多以股权投资为主。对于股权投资来说，主要是两个收入：股权转让收入和分红。与个人独资企业一样，股权转让收入难以核定，而分红必须单独交个人所得税。

合伙企业有一个最大优点，就是方便股权激励和集合投资，特别是有限合伙企业，在不影响大股东控制权的前提下，可以对其高管和核心员工起到激励作用。不过，这个不是本书的主题，因此不再展开。

## 二、合伙企业的财产

按普通老百姓的想法，合伙企业就是几个人合伙开公司。其实合伙企业不是公司，是自然人、法人和其他组织依法设立的普通合伙企业和有限合伙企业。原来合伙企业是几个人合伙从事经营活动，现在合伙企业大多是搞投资，主要是股权投资，也有些搞点债权投资等。之所以投资多采用合伙企业，是因为合伙企业更灵活，特别有限合伙企业的执行事务合伙人，可以控制整个合伙企业，尽管其可能出资不是最多。

与个人独资企业的财产为投资人所有不同，合伙企业的财产，具有介于公司独立财产权和个人独资企业投资人所有权之间的特征，合伙人拥有的是财产份额。

在《合伙企业法》中与合伙企业财产相关的内容主要包括以下方面。

（1）"有合伙人认缴或者实际缴付的出资。""合伙人可以用货币、实物、知识产权、土地使用权或者其他财产权利出资，也可以用劳务出资。""合伙人应当按照合伙协议约定的出资方式、数额和缴付期限，履行出资义务。"

（2）"以非货币财产出资的，依照法律、行政法规的规定，需要办理财产权转移手续的，应当依法办理。"

（3）"合伙人的出资、以合伙企业名义取得的收益和依法取得的其他财产均为合伙企业的财产。""合伙人在合伙企业清算前，不得请求分割合伙企业的财产。"

（4）"除合伙协议另有约定外，合伙人向合伙人以外的人转让其在合伙企业中的全部或者部分财产份额时，须经其他合伙人一致同意。"

请注意，其中对"办理财产权转移手续""均为合伙企业的财产""财产份额"的规定。因此，以个人持有的股权对合伙企业出资，究竟算不算转让，又如何交个人所得税？就产生了争议。

## 三、合伙企业能当不同类型公司的股东

合伙企业能当有限责任公司股东，也能当上市公司股东。而同样交经营所得个人所得税的个人独资企业、个体户则不行。除极个别地方外，实践中市场监管局不允许个体户当公司股东。而个人独资企业，虽然能当公司股东，但不能当上市公司股东。

### 1. 个体户能当公司股东吗

《公司法》中并没有规定股东应具备什么条件，《国家工商行政管理局关于企业登记管理若干问题的执行意见》（工商企字〔1999〕第173号）第五条规定："不具备法人资格的独资企业、合伙企业，可以作为有限责任公司的股东。"但这里没有提到个体户。

例如，有一家注册公司想用个体户当股东，但市场监管局不允许。为此，我亲自去市场监管局用个体工商户当股东注册公司，工作

人员拿出《企业登记提交材料规范》（国市监注〔2019〕2号）文件给我看。其中有："股东、发起人为自然人的，提交身份证件复印件""其他股东、发起人的，提交有关法律法规规定的资格证明复印件"这样两条规定。看到重点没有？如果把个体户看成"自然人"提交身份证件，工作人员肯定不会当个体户对待；如果把个体户看成"其他股东、发起人"又如何提交"有关法律法规规定的资格证明"。按我的理解，营业执照就是法律规定的个体户的资格证明，但是工作人员不这么认为，他们要求必须是法律明确规定个体户执照能当股东的资格证明才行。

《广西壮族自治区人民政府关于进一步全面推动全民创业加快推进城镇化跨越发展的意见》（桂政发〔2010〕86号）规定："放宽注册登记条件。除设立一人有限责任公司外，允许个人独资企业、合伙企业、个体工商户、农民专业合作经济组织、有投资能力的居民委员会、村民委员会作为股东或者发起人投资设立公司。"

目前，只知道发生在2015年一起个体户当山东省某公司股东的案例，但后来股东发生变更，这个个体户又将股权转让了。

2. 个人独资企业能当上市公司股东吗

个人独资企业能当有限责任公司股东，这是《国家工商行政管理局关于企业登记管理若干问题的执行意见》（工商企字〔1999〕第173号）文件支持的，但不能当上市公司股东。这并不是有什么法律上的障碍，而是因为开不了证券账户。

中国证券登记结算有限责任公司的《证券账户业务指南》中，第一章有合伙企业，但没有个人独资企业和个体户；第二章的申请材料讲得更明白，只有自然人、法人、合伙企业、非法人创业投资企业、境外机构的申请材料。

因此，在个体户、个人独资企业和合伙企业之中，只有合伙企业能开证券账户，可以当上市公司股东。

# 第三节　灵活用工平台

灵活用工是指一种具有短期性、临时性、灵活性特点的用工模式，而灵活用工平台是为解决各方在灵活用工过程中的痛点难题搭建的中间平台。本节主要讲述如何通过灵活用工平台开发票。

## 一、灵活用工平台的特点

灵活用工平台是个新事物，虽然已经存在好些年了，至今仍然有很多人不了解。下面以某平台为例，如设计公司。假设这个月，公司外部的合作设计师要在设计公司收 1 万元，通常这些设计师并不会去成立个体户或个人独资企业，觉得麻烦。如果公司与灵活用工平台签约，个人也在这平台上注册。然后由灵活用工平台向公司开增值税专用发票，按 6% 收增值税，再加按经营所得核定的 0.6% 个人所得税，再收 0.5% 的管理费，合计 10 710 元。其中 0.6% 的个人所得税是税务局委托代征的。设计公司取得的增值税专用发票，6% 的增值税可以抵扣掉。所以实际成本是 1.1%。不要问为什么中间缺一些附加税费和正算倒算的区别，因为差异不大，成本在 1.1% 左右。唯一的解释是，灵活用工平台让了利，因为有税收返还，详见本章第七节。

资金方面，公司转账给灵活用工平台，类似于充值的方式。然后公司可在灵活用工平台网站上操作，直接转给设计师。实际上，并不是每位设计师给公司开一张发票，而是由灵活用工平台向公司集中开具发票。开具发票并不一定按月，可以有几笔业务时一起开，由设计公司根据情况申请开票。

1. 灵活用工平台的优点

（1）适合量大小额。因为不需要工商注册税务报到等手续，适合大量合作伙伴，并且每笔金额都很小。因为金额大了也不一定给开具发票。相对而言个体户一般适合少量大额。

（2）方便快捷。即时可申请开票，有网站的管理系统，方便管理。

2. 灵活用工平台的缺点

（1）有虚开发票风险。虽然有《共享经济综合服务协议》，并且采用了一些时尚的共享经济之类名词来描述服务内容，但是共享经济综合服务很难让人理解。当然，可以通过合理的模式设计，避免虚开发票。本书将在第七章中具体讲述。

（2）行业、内容、金额受限。灵活用工平台不是哪种行业、哪家公司都可以合作，若像个体户、个人独资企业那样自行决定开票内容、金额，平台可能不允许。

## 二、灵活用工平台的服务协议

下面以一个常用的灵活用工平台的《共享经济智能综合服务协议》为例，了解灵活用工平台的合作内容。

## 共享经济智能综合服务协议

公司（甲方）：

共享经济公司（乙方）：

自由职业者（丙方）：

特别提示：针对获得生产经营所得的自由职业者在使用本协议项下乙方提供的共享经济综合服务时，乙方承诺依法纳税、确保自然人纳税人取得税后的合法收入。

军人、公职人员等国家法律法规和纪律规定禁止从事兼职或经商的人员，公司雇员等其他与公司具有劳动/劳务合同关系或其他类似的劳动人事法律关系并从与其有前述关系的公司取得工资薪金所得的人员，公司法定代表人、股东、董事、监事等其他从所属公司取得收入的人员，严禁使用本协议项下乙方提供的共享经济综合服务。

鉴于，甲方从事××服务业务，需要大量的自由职业者为其用户/客户提供服务；乙方具备共享经济资源平台及智能系统，接受甲方委托为其筛选适合的自由职业者，并可提供共享经济综合服务；丙方系乙方按照与甲方签署的《共享经济智能综合服务协议》的规定，接受甲方的委托为其筛选的具有专业素养、能力及相应许可的自由职业者，能满足甲方的商业需求；本协议项下各方根据相关法律法规进行友好协商并签署本协议。

第一条 合作内容

1. 甲方经营业务需要大量的自由职业者为其用户/客户提供相关服务，甲方可为自由职业者及其用户/客户提供信息发布与查询、交易撮合与处理、订单查询与管理、定价建议与咨询、代理服务费磋商与谈判、其他现代服务、交易合同与凭证保管等信息服务和交易处理服务。

2. 乙方具备共享经济资源平台及智能系统，可接受甲方委托为其提供共享经济综合服务，包括但不限于为其筛选适合的自由职业者并接受甲方委托向自由职业者支付相应绩效费，及依照主管税务机关授予的代征权限向自由职业者征收个人所得税税款及行政收费（如适用）。依照代征权限，乙方可以进行代征的范围仅限于从事生产经营的个人，即本协议项下的自由职业者。

3. 丙方系乙方按照与甲方签署的《共享经济智能综合服务协议》的规定，接受甲方的委托为其筛选的具有专业素养、能力及相应许可的自由职业者，经乙方筛选及推荐，丙方可向甲方提出申请并提供相应生产经营活动，申请通过后丙方可按照甲方业务规则查询活动需求、接受活动需求、履行生产经营活动过程中的相关义务并享有相关权利、查询活动订单、收取最终对应到丙方的绩效费等。

第二条　乙方服务费及对应到丙方绩效费的结算及支付方式

1. 根据甲乙双方签署的《共享经济智能综合服务协议》的规定，甲方应就乙方提供的共享经济综合服务支付服务费，其中，服务费金额中涵盖最终对应到丙方基于其自由职业者活动而取得的费用金额（简称"绩效费"），乙方将完税后金额作为丙方从事生产经营活动的绩效费（税后），支付予丙方。

2. 当甲方根据甲乙双方签署的《共享经济智能综合服务协议》的规定，向乙方按照有关协议规定支付服务费后，乙方应向丙方支付丙方应取得的绩效费（税后）。

3. 本协议对绩效费的结算周期不做明确约定，甲乙丙三方可自由协商。

4. 甲方需在乙方结算系统开立商户并完成充值，以便将服务费预先支付给乙方。甲方按照业务结算规则计算丙方绩效费金额（税后），并生成提现申请单（提现申请单的内容包括但不限于丙方姓名、身份证号、收款账户信息、接单数量及费用等信息），甲方通过技术对接或者手工上传数据文件将数据上传至结算系统的，乙方方可按照甲方提供的提现申请单向自由职业者进行支付操作。鉴于甲方商业机密及信息安全的考虑，乙方不得向甲方要求查阅自由职业者在甲方处提供服务的订单详情，甲方应如实填写提现申请单，乙方不负责核实提现申请单内容。

5. 丙方收款账户信息以甲方提供的提现申请单记载的为准。

6. 丙方可自行在甲方处查询绩效费的计算方式、支付途径等信息，甲方应提供相关查询便利，若双方因此产生争议纠纷的，应自行解决。

7. 丙方应自行负担就其取得的绩效费需缴纳的各项税款及行政收费（如有）……

第三条　甲方的权利与义务

1. 甲方有权审核丙方提交的申请信息并决定是否接受丙方申请，甲方自行规范其与用户/客户及丙方的交易方式及法律关系，如因此产生争议纠纷的，由甲方及丙方自行处理，与乙方无关。

…………

8. 甲方不得委托乙方为下列人员代征个人所得税：

8.1 与甲方具有劳动/劳务合同关系、或其他类似的劳动人事法律关系的人员；

8.2 与甲方关联企业具有劳动/劳务合同关系、或其他类似的劳动人事法律关系的人员；

8.3 甲方及其关联企业的法定代表人、董事、监事、股东；

8.4 其他不适用于本协议第一条第2款乙方代征范围之规定的人员。

…………

第四条　乙方的权利与义务

…………

5. 乙方发现甲方出现本协议项下第三条第8款之任一行为时，乙方有权立即中止履行本协议，并将甲方的违法行为自发现之时24小时之内向乙方主管税务机关报告。甲方应自行承担由此产生的税务相关的处罚责任，包括但不限于根据税务机关的要求补缴相应的税款、滞纳金等。

6. 乙方为使丙方满足甲方业务需求而向丙方提供的服务，该等服务并不当然导致乙丙双方构成任何劳动/劳务合同关系或其他类似劳动法律关系，乙方对丙方因从事生产经营活动与任一方或第三人所产生的争议不承担任何法律责任。

…………

第五条　丙方的权利与义务

…………

3. 丙方不得从事违反法律及行政法规等行为，如洗钱、偷税漏税及其他乙方认为不得使用乙方服务的行为等。

…………

10. 因乙丙双方不构成任何劳动/劳务合同关系或其他类似劳动法律关系，乙方没有为丙方购买任何保险的法律义务，丙方自行购买商业保险的，其投保、出险及理赔事宜均与乙方无关。

…………

从上面的协议可以看出，风险实际上在公司（甲方），由公司保证自由职业者的生产经营身份，灵活用工平台并不承担责任。

### 三、灵活用工平台的法律分析

虽然灵活用工平台的协议写得很全面，但是拨开云雾看真相，核心要回到法律关系上来。

谁是卖方？谁是买方？销售的是什么？这是首要的问题。经过努力研究，从表面看来，似乎卖方是平台公司，买方当然是需要开票的企业，所谓共享经济综合服务，如图 5-7 所示。

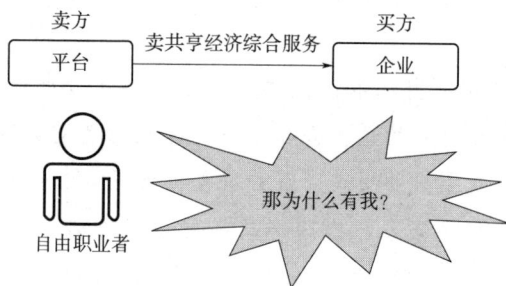

图 5-7　平台销售服务

问题来了，协议中的丙方（自由职业者），又是什么身份呢？根据协议，自由职业者是从事生产经营的个人，那么这算不算是挂靠关系呢？

如果是挂靠关系，那么由谁开票？财税〔2016〕36 号附件 1《营业税改征增值税试点实施办法》第二条规定："单位以承包、承租、挂靠方式经营的，承包人、承租人、挂靠人（以下统称承包人）以发包人、出租人、被挂靠人（以下统称发包人）名义对外经营并由发包人承担相关法律责任的，以该发包人为纳税人。否则，以承包人为纳税人。"

总结下，以发包人（平台）为纳税人，挂靠经营要符合两点：

（1）以发包人（平台）名义对外经营；

（2）由发包人（平台）承担相关法律责任。

看起来似乎符合第一点，虽然协议是三方签订，但是开发票、结算都由平台办理（感觉因果关系有些颠倒），所以说是平台名对义对外经营，似乎还是可以的。但是第二点就存在大问题了，相关法律责任对"相关"虽然没有解释，但看来应该解释为"对外经营"相关，那么平台作为经营者，承担责任吗？我们再来看下上述《共享经济智能综合服务协议》，其中：

> 第二条　乙方服务费及对应到丙方绩效费的结算及支付方式
>
> 4.……鉴于甲方商业机密及信息安全的考虑，乙方不得向甲方要求查阅自由职业者在甲方处提供服务的订单详情……
>
> 第三条　甲方的权利与义务
>
> 1.……甲方自行规范其与用户/客户及丙方的交易方式及法律关系，如因此产生争议纠纷的，由甲方及丙方自行处理，与乙方无关。

乙方连经营什么业务都不知道，怎么承担法律责任呢？所以，如果认定为"挂靠"，则应以承包人（自由职业者）为纳税人，开具发票。

看来挂靠之说也行不通，那么可否当成劳务派遣、人力资源外包？先说劳务派遣，根据《财政部 国家税务总局关于进一步明确全面推开营改增试点有关劳务派遣服务、收费公路通行费抵扣等政策的通知》（财税〔2016〕47号）（以下简称，财税〔2016〕47号）规定："劳务派遣公司为了满足用工单位对于各类灵活用工的需求，将员工派遣至用工单位，接受用工单位管理并为其工作的服务。"上述《共享经济智能综合服务协议》，平台和自由职业者不构成任何劳动或劳务合同关系，显然不是劳务派遣。

再说人力资源外包，财税〔2016〕47号中没有直接定义人力资源外包，第三条第一款规定："纳税人提供人力资源外包服务，按照经纪代理服务缴纳增值税，其销售额不包括受客户单位委托代为向客户单位员工发放的工资和代理缴纳的社会保险、住房公积金。向委托方收取并代为发放的工资和代理缴纳的社会保险、住房公积金，不得开具增值税专用发票，可以开具普通发票。"我们可以由此推断出税法上的人力资源外包为：人力资源外包公司，代企业发放员工工资及缴纳社保等；员工还是企业的员工，并不是外包公司的。这点与劳务派遣是最本质的区别。

现在，甲方企业和丙方自由职业者，不是劳动关系，不是自己的员工，所以也不是人力资源外包。

## 四、灵活用工平台是否虚开发票

我们再把灵活用工平台的逻辑和上述某平台开票操作简要梳理一下，再来看开发票问题。

（1）协议。名称不一而足，大体上是受票企业、灵活用工平台、自由职业者三方签订协议，或分别签订协议，取名为共享经济综合服务之类。服务内容云里雾里，反正就是共享经济。

（2）税费。按6%收增值税，再加按经营所得核定的0.6%个人所得税（税务局委托代征的），再收0.5%的管理费，以平台公司的名义向受票企业开具增值税专用发票，6%的增值税可以抵扣掉。所以实际成本是1.1%。

（3）结算和发票。由受票企业向平台充值，然后根据企业提供的支付清单平台系统支付给自由职业者。平台再向受票企业开具增值税专用发票。发票为6%增值税专用发票，税收编码类别通常为鉴证咨询服务。

我们来看下灵活用工平台对经济，特别是对互联网经济、平台经济的促进还是很大的。当年网约车那么多司机，怎么解决发票的问题？现在才猛然发觉，原来有一种叫司机服务平台的灵活用工平台解决了发票的问题。

关于虚开发票的问题，我们需要进一步厘清其法律与税务关系。上面讲述的只是一些灵活用工平台的基本操作模式，我们将在第七章中给出一套可供参考的法律解决方案。

# 第四节　个人税务代开发票

如果个人只是偶尔发生经营业务，又何必成立个体户呢？有一种更简单的办法，可去税务局代开发票。

## 一、中介机构代办税务开发票

本来自己可以去税务局代开发票，但实践中涉及劳务报酬和经营所得之争，又存在开票内容、开票金额限制，甚至是限制其开票次数。因此，出现了专门帮个人在税务机关代开发票的中介机构。

注意，中介机构只提供代办服务，发票还是税务机关开的。如同代办工商注册登记，营业执照并不是中介机构发的，而是市场监管局。这些代办税务开发票的中介机构，熟悉当地税务机关对代开发票的要求，能帮助个人按照税务机关的要求提出开票申请，在税务机关审核后取得开具的发票。

中介机构代办税务开发票优点如下。

（1）核定征收。其实个体户、个人独资企业、灵活用工平台也能办核定征收，那这算什么优点呢？这是和个人去税务局代开发票比。因为很多人不想成立个体户、个人独资企业、灵活用工平台，特别是灵活用工平台他们没接触过，即使有过接触由于代开发票量少或金额大，灵活用工平台不放心怕涉及转款，所以需要另找一个核定征收的开票渠道。

（2）一次了事。因并非长期使用发票，故不需要注册等手续，也不需要签订什么合作协议，开一次算一次，一次了事。

中介机构代开办税务发票缺点如下。

（1）成本高。因只能代开普通发票，故在不免增值税的时候，需要缴纳增值税及附加税费，又不能抵扣。当然，在小规模纳税人免增值税期间，这个缺点也就不存在了。

（2）存在未扣劳务报酬个人所得税风险。以个人名义代开发票，虽然在开票地所在税务局按经营所得核定并交了个人所得税，但受票方的税务局未必认可，可能会认为属于劳务报酬，要追究未扣责任。

（3）对于个人名义的支出认可性差。税务局对于个人名义开具的发票支出认可性差，往往按更严格的标准进行审查。当然，前提是相同条件下，如个体户开个 10 万元以内发票过来可能没事，但 10 万元以上就会被认真审查，再三盘问。

代开发票的地点是在销售方所在地还是购买方所在地开，这里有必要讲述一下。例如，四川省电子税务局对网上增值税发票代开是这样规定的，如图 5-8 所示。

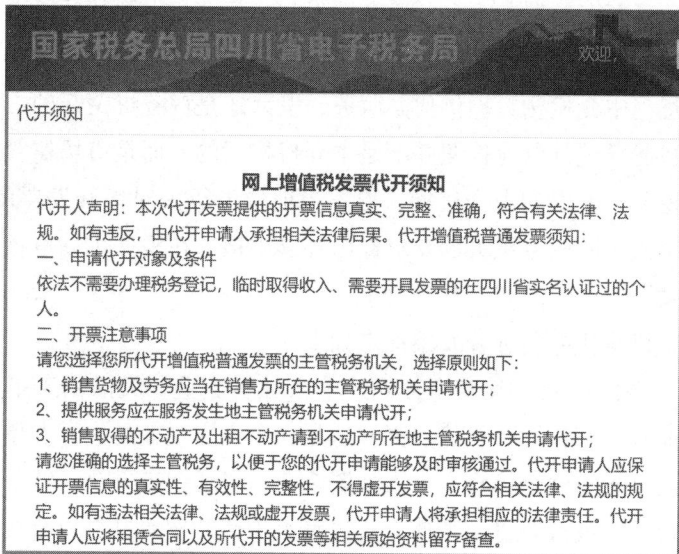

图 5-8　四川省电子税务局网上增值税发票代开须知

实践中，一般税务局对个人代开发票掌握的原则是，买方或卖方有一方是当地的就可以了，但这也不一定，需要去当地税务局落实。

## 二、代开发票的限制

目前，个人代开发票的限制越来越多。例如，有的地方规定，一个人一个月最高能开发票 5 万元，一年只能开几次，而有的地方则规定，只允许开哪些类型的发票。而更麻烦的是个人所得税的问题。

给大家分享一个关于经营所得的故事。这一次我是帮一家房地产开发企业去找税务局沟通。当时他们要修条临时道路，是请小包工头个人修建的，工程价款100多万元。小包工头个人就申请代开发票，在网上申请。一看审核结果，核定的个人所得税是劳务报酬。这有点荒唐，修路不需要混凝土、砂石、机械、模板吗？包工头不可能收100多万元只是自己一个人搞劳务吧。为这事专门我们去了税务大厅。大厅接待人员说，我们按劳务报酬收是根据《国家税务总局关于印发〈建筑安装业个人所得税征收管理暂行办法〉的通知》（国税发〔1996〕127号）第三条规定："从事建筑安装业工程作业的其他人员取得的所得，分别按照工资、薪金所得项目和劳务报酬所得项目计征个人所得税。"我说不对啊，这只是第三条的最后一段，前两段规定："承包建筑安装业各项工程作业的承包人取得的所得，应区别不同情况计征个人所得税：经营成果归承包人个人所有的所得，或按照承包合同（协议）法规、将一部分经营成果留归承包人个人的所得，按对企事业单位的承包经营、承租经营所得项目征税；以其他分配方式取得的所得，按工资、薪金所得项目征税。""从事建筑安装业的个体工商户和未领取营业执照承揽建筑安装业工程作业的建筑安装队和个人，以及建筑安装企业实行个人承包后工商登记改变为个体经济性质的，其从事建筑安装业取得的收入应依照个体工商户的生产、经营所得项目计征个人所得税。"加上这两段才是第三条的完整意思。像这种小包工头承包工程，应该是按经营所得征税。大厅接待人员说，那你们去找个人所得税科。到了个人所得税科，税务人员说："这个嘛……也是，你100多万元的肯定不会是个人劳务，有材料等，但是……你下面请的工人也没交个税嘛……所以……"我说："不对啊，包工头请的工人交没交个人所得税，都不影响包工头自己的经营所得性质，难道工人不交个人所得税，包工头就成了劳务报酬？工程就不要材料？再说了，如果工人需要交个人所得税，没问题，我们是在网上申请开发票交个人所得税的，那么你告诉我，网上怎么代扣代缴工人个人所得税，我们马上交！"

我心里清楚，网上单位代扣代缴是没问题的，个人代扣代缴操作不了。税务人员说："这个目前个人还不能在网上代扣代缴……这样吧，你说你们修了路，资料呢?"我说:"看，合同在这，结算在这，还有两张照片。"税务人员说:"回去再完善资料。"我想了想，行嘛。那就回去吧。回去路上，我千叮万嘱让包工头和房地产开发企业备好资料。谁知道，他们觉得麻烦，想了一个变通的办法。重新网上申请，开票内容为销售商品混凝土。这次税务局网上审核就认定为按经营所得。我简直惊呆了，难道销售商品混凝土就是经营，包工包料（含商品混凝土）修路，反而是劳务报酬?

我想了想，这算不算是虚开发票?销售商品混凝土的同时提供建筑服务，算混合销售吧。那么也不算虚开发票，还是合规票据啊。

尽管实践中有一些财税中介专门为个人代办税务开发票，但大额的咨询费，财税中介还是代办不了。

## 第五节　临时税务登记

《国家税务总局关于税收征管若干事项的公告》（国家税务总局公告2019年第48号）（以下简称国家税务总局2019年第48号公告）第二条规定:

> 从事生产、经营的个人应办而未办营业执照，但发生纳税义务的，可以按规定申请办理临时税务登记。

看到这条，熟悉税务登记政策的税务或者企业人士可能会惊诧，不是早就有这个规定了吗，为什么现在还要规定?

早在2011年，《国家税务总局关于进一步完善税务登记管理有关问题的公告》（国家税务总局公告2011年第21号）第一条规定:

> 从事生产、经营的纳税人，应办而未办工商营业执照，或不需办理工商营业执照而需经有关部门批准设立但未经有关部门批准的（简

称无照户纳税人)，应当自纳税义务发生之日起 30 日内申报办理税务登记。税务机关对无照户纳税人核发临时税务登记证及副本，并限量供应发票。无照户纳税人已领取营业执照或已经有关部门批准的，应当自领取营业执照或自有关部门批准设立之日起 30 日内，向税务机关申报办理税务登记，税务机关核发税务登记证及副本；已领取临时税务登记证及副本的，税务机关应当同时收回并做作废处理。

对比两个公告，2019 年的公告感觉内容重复了，因为 2011 年的公告中的纳税人，当然也包括个人。那为什么出这个公告呢？还不是因为 10 万元以内免征增值税的原因。《财政部 税务总局关于实施小微企业普惠性税收减免政策的通知》(财税〔2019〕13 号) 第一条规定：对月销售额 10 万元以下 (含本数) 的增值税小规模纳税人，免征增值税。"个人当然属于小规模纳税人。但是，实践中要去税务局代开发票，税务局不认可，要求按次。而按次只有 500 元，差距实在太大。根据国家税务总局网站的答复，按次纳税和按期纳税，以是否办理税务登记或者临时税务登记作为划分标准，如图 5-9 所示。

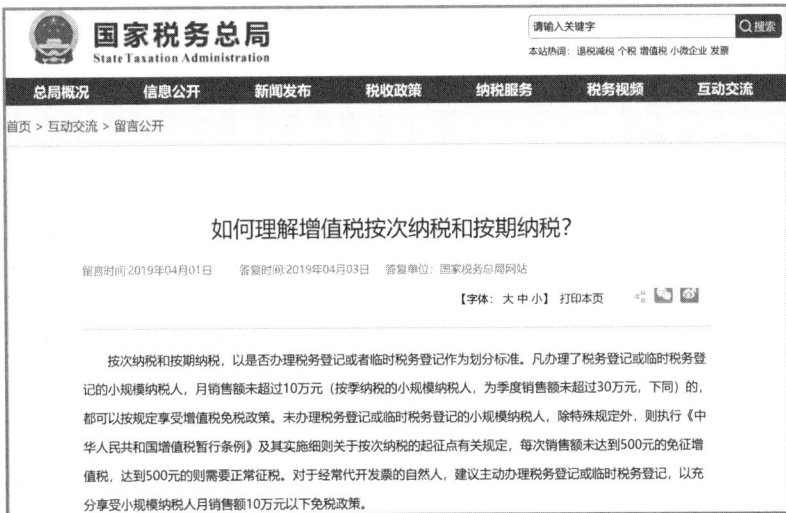

图 5-9　如何理解按次纳税和按期纳税

答复中指出："对于经常代开发票的自然人，建议主动办理税务登记或临时税务登记，以充分享受小规模纳税人月销售额 10 万元以下免税政策。"所以要想免税，就要办临时税务登记，避免办营业执照的麻烦。然而，实践中，很多地方的税务局不给个人办临时税务登记。因此，为享受 10 万以内免增值税，个人要求办临时税务登记的呼声也一直不绝于耳，所以国家税务总局出台了 2019 年第 48 号公告。

那么，是不是国家税务总局出台了 2019 年第 48 号公告，个人就能办临时税务登记了呢？非也。

虽然之前某地在公告前就已经有人通过办临时税务登记享受了利息免增值税，但并不代表其他地方行得通，这种征管层面的往往执行各异，绝大部分地方还是很难办的。例如，2020 年 3 月 3 日我鼓足勇气去了成都市某区税务局到了税务大厅，因为疫情正严防死守，保安和守门税务人员问我："干什么的？"我说："来问下个人办理临时登记……""临时税务登记？"两人显得有些茫然。我连忙解释："是这样的，去年总局发了 2019 年 48 号公告，说个人可办临时税务登记，从今年 3 月 1 日起执行。所以我过来想了解下。"守门税务人员就对里面咨询台的税务人员说："他说个人办临时税务登记，你看？"里面的税务人员其实也不懂："临时税务登记？"我说："是啊，根据 2019 年 48 号公告……"边说我边往里走。"站住！"税务人员即时制止了我，没让进去。我赶快收回了脚步，继续听税务人员说："你这个我们没有接到通知啊！""不是有总局有公告吗？"我满腹疑问，心想，公告还需要通知？税务人员说："嗯，这个嘛，反正我们没接到通知。要不，你去对面看下？"

这个税务局的路对面还有一个税务大厅，于是我来到这个税务大厅。我说了来意后，对方虽然也搞不清何谓临时税务登记，但是告诉我去二楼窗口问下。到了窗口，我说明了来意。他们虽然天天代开发票，但也显然愣了，然后问旁边的税务人员，也不明白，又问了后面的税务人员，看起来像是小领导，但还是不知道。我于是又强调了一下是国家税务总局 2019 年第 48 号公告。税务人员说："我查一下。"查到后他说："这个……我们也没接到通知啊！"又是一个没接到通知。我说："那能不能办啊？""嗯……这样吧，你去找货劳科。"我还想再问出点什么，我又说："那个人能开多少发票，多少次啊？"他说："我们一般是一个人一年只能开五次，金额如果大了，这个要审查再说。你还是去问货劳科吧。"我又问："那个人所得税呢？办了临时税务登记都按经营所得核定吗？还是仍按劳务报酬呢？"他说："这个你得问个人所得税科了。"我想，登记办不了，发票开不了，何谈个人所得税？还是得先问登记的事。于是我找到货劳科。货劳科说，这个得问征管科。到了征管科，这次找对人了，接待我的税务人员虽然也不清楚个人办临时税务登记的事，但是很负责。听取了我的问题后，问我："你现在是什么情况要办临时税务登记？要开多少票？什么内容？"我说："我是税务师事务所的，有好多客户有这方面要求，开票金额不等，几千到几百万都有可能，内容有咨询费、中介费、卖建材等。"他说："虽然有临时税务登记，但是目前都是单位来办的，主要是政府机关、居委会、业委会等涉及个人所得税或临时取得租金等情况的单位，个人还真没办过。你这种情况，只有记个电话，我们请示省局后回复你。"他记了我的电话。几个小时后电话打了过来，他说："经请示省局，个人如有固定的经营场所，可以办临时税务登记。文件针对的是应办未办执照，我们可以帮你们联系市场监管局，他们愿意便民服务，帮你们办执照。建议办执照，需要我们联系服务尽管说。"

虽然他并没有回答我问的开票金额、个人所得税等问题，但我也不需要再问了。因为，如果我有固定经营场所，我为什么不办成个体户呢？所以，大家明白结论了没有？虽然国家税务总局 2019 年第 48 号公告再次强调个人可办理临时税务登记，本意是针对个人想享受月 10 万元以内免征增值税的要求，但在实践中仍然和公告之前一样，难执行。

不给个人办临时税务登记的理由是将"从事生产、经营的个人应办而未办营业执照"解释为"有固定的经营场所"，这就会难倒很多个人纳税人。

说到这里，又要说一下个人办临时税务登记的历史。听工作时间久的税务人员说，《国家税务总局关于进一步完善税务登记管理有关问题的公告》（国家税务总局公告 2011 年第 21 号）出台的背景之一是，原来的个体户可不像现在这样能享受 10 万元以内免增值税等一系列优惠条件。所以，当时很多个体经营者开店不办执照。一方面可以不交税，另一方面可以少交其他费用，如办执照的费用等，以及当时强制要求加入个体劳动者协会要交几百元年费。这种情况下，税务局犯难了，检查时发现没有执照，不收税的话不合税法，要收税的话又没有执照。于是出台了这个规定。

时过境迁，现在办执照免费，很多个体户都没听说过个体劳动者协会了，更不存在强制交会费的问题，月收入 10 万元以内还可免增值税，个人所得税通常也很少，甚至不交，因此这种不办执照的情况已经很少见了。税务局的重点也早转移了，谁去盯着个体户找税源啊？因此，个人办临时税务登记几乎被遗忘殆尽。

# 第六节　核定征收的公司

我们不是讲个体税收方式吗？怎么又讲到了公司？这并不矛盾，因为有的人觉得个体户不能体现高大上，而且如果公司税收成本也不高，为什么不选择成立公司呢？

虽然核定征收的公司不普遍，但的确存在。例如，成都市直到 2018 年，主城区之外还有核定征收的公司，如建筑公司。但是，2019 年初，四川省税务局通知全省停止对公司核定征收。如果公司坚持要求核定征收，那么对不起，采用最高一档应税所得率，如建筑业的应税所得率是 8%～20%，原来一般是按最低 8% 来计，少数也有按 10% 的。若按应税所得率 8% 计算，即企业所得税 2%（8%×25%）。虽然查账征收的企业通常所得税负还不到 2%，但是其企业取得发票也是有成本的。不要说买发票要钱，这种违法的事不能做，那正规地取得发票也是要加点的，要发票一个价，不要发票一个价。因此，2% 的所得税负是完全可以接受的。若按应税所得率 10% 计算，即 10%×25% = 2.5%，但现在要求，要按最高的应税所得率 20% 核定，企业所得税 5%（20%×25%），公司就觉得承受不得了。因此，实际上四川省是消灭了公司的核定征收。

非但四川省，全国其他地方也是如此，基本不允许公司核定征收。

那么，现在还没有核定征收的公司呢？应该很难有了。

2019 年，某偏远地区的房地产开发公司找我咨询税务。聊天时提起他们在当地还有建筑公司为核定征收。我找当地税务局的朋友了解了一下，他们全市共有 8 家建筑公司为核定征收。当然，得局长批准才办得了。然而，2022 年再问，说当地全部取消公司的核定征收。

有一次，我在成都市主城区以外的区给建筑协会的企业人员讲课，有人就问我，去年我们公司为核定征收，今年被取消了，怎么办？因为原来还有不少工程款没收，发票也没开。假如今年开票收钱，但是没有成本了，岂不是要全额交企业所得税？我说，你们的问题，正是我的客户遇到的问题。去年我跟客户说，你们年底前一定要开几亿元的工程发票，否则明年如果不核定征收了怎么办？他们说，不会的。经过我苦口婆心地劝说，他们终于在 12 月下旬开了发票，到了下一年果然取消了核定征收。所以，今后还是要规范核算，税务合规。

《国家税务总局关于印发〈企业所得税核定征收办法（试行）〉的通知》（国税发〔2008〕30 号）第一条规定："严格按照规定的范围和标准确定企业所得税的征收方式。不得违规扩大核定征收企业所得税范围。严禁按照行业或者企业规模大小，'一刀切'地搞企业所得税核定征收。"

实际上，核定征收常常"违规扩大"，没有实现《国家税务总局关于印发〈企业所得税核定征收办法（试行）〉的通知》第五条"防止纳税人有意通过核定征收方式降低税负"的要求。

《企业所得税核定征收办法（试行）》第三条规定：

纳税人具有下列情形之一的，核定征收企业所得税：

（一）依照法律、行政法规的规定可以不设置账簿的；

（二）依照法律、行政法规的规定应当设置但未设置账簿的；

（三）擅自销毁账簿或者拒不提供纳税资料的；

（四）虽设置账簿，但账目混乱或者成本资料、收入凭证、费用凭证残缺不全，难以查账的；

（五）发生纳税义务，未按照规定的期限办理纳税申报，经税务机关责令限期申报，逾期仍不申报的；

（六）申报的计税依据明显偏低，又无正当理由的。

特殊行业、特殊类型的纳税人和一定规模以上的纳税人不适用本办法。

上述特定纳税人由国家税务总局另行明确。

核定征收包括事前核定和事后核定，事前核定是先核定，至于后面如何执行再说；事后核定一般是税务检查（稽查）时，针对账目混乱等情况再来核定，而之前一般是查账征收的。

事前核定，一般是采用"虽设置账簿，但账目混乱或者成本资料、收入凭证、费用凭证残缺不全，难以查账的"这个理由，其他理由通常不符合或属于事后核定的。

虽然《企业所得税核定征收办法（试行）》规定了可以核定应税所得率或应纳税所得额，但实践中几乎没有核定应纳税所得额的。企业应税所得率，见表5-3。

表5-3　企业应税所得率表

| 行　业 | 应税所得率 |
| --- | --- |
| 农、林、牧、渔业 | 3%～10% |
| 制造业 | 5%～15% |
| 批发和零售贸易业 | 4%～15% |
| 交通运输业 | 7%～15% |
| 建筑业 | 8%～20% |
| 饮食业 | 8%～25% |
| 娱乐业 | 15%～30% |
| 其他行业 | 10%～30% |

由于目前这种核定征收的公司很少，核定很难，所以不再展开叙述。

最后提示一下，如果还能让公司核定征收，那这种核定征收的公司，能解决很多非公司（个体户、个人独资企业、合伙企业）解决不了的问题。

# 第七节　税收返还

　　有些地方可能有税收返还政策，如某地总部经济招商优惠政策，其内容为："以总部经济企业缴纳的营业税（不含附加）、企业所得税地方分成部分（即上缴所得税税额的40%）、增值税地方分成部分（即上缴增值税税额的50%）之和计算年纳税额，由区财政按年纳税额的一定比例安排给企业用于扩大再生产或经营。具体标准为：年纳税额50万元以下按30%安排；50万元至200万元（含200万元）按40%安排；200万元至500万元（含500万元）按45%安排；500万元以上按50%安排，实行一事一议。总部经济企业财政扶持政策原则上按年兑现，但经区政府同意按季度或月兑现的，按纳税额档次确定兑现比例，年终再进行清算。"其优惠政策主要为根据缴纳税收进行奖励（实际就是税收返还）。这是某地2010年发的文件，现在仍在执行。其他地方可能没有文件，因为国家早就叫停了税收返还。有没有协议呢？也许有，但不以政府名义，而是以一个工业园的投资平台公司的名义，甚至连这个也没有，只是政府认可的一家民营企业来签约。这家民营企业虽然是注册在这个工业园区，但实际上是外地来的一家公司和当地政府谈好后才成立的。主要业务就是拿着这个税收返还政策招商。公司赚什么呢？赚服务费，或税收返还的一部分。

　　对于一些涉及增值税的公司来说，通过这种税收返还地开展业务，是一种选择，如建筑公司，通过这里进行材料供应，可获得增值税上的返还（其他税通常收益较少不考虑）。注意，在这里成立材料供应公司，并不一定要把货从几千里外运来再运走，完全可以直达工地。其他增值税较多的行业也可类似操作，包括制造业、商贸企业等。但是，要搞税收返还，最需要注意的不是税收返还比例谁多谁少，而是政策稳定性。有的按月，有的按年，不一样。能不能到位，也不一定。

　　《国家市场监督管理总局 国家发展和改革委员会 财政部 商务部 司

法部关于印发〈公平竞争审查制度实施细则〉的通知》（国市监反垄规〔2021〕2号）第十五条第二款规定："安排财政支出一般不得与特定经营者缴纳的税收或非税收入挂钩，主要指根据特定经营者缴纳的税收或者非税收入情况，采取列收列支或者违法违规采取先征后返、即征即退等形式，对特定经营者进行返还，或者给予特定经营者财政奖励或补贴、减免土地等自然资源有偿使用收入等优惠政策。"

《国务院办公厅关于进一步推进省以下财政体制改革工作的指导意见》（国办发〔2022〕20号）规定："（六）规范收入分享方式……逐步清理不当干预市场和与税费收入相挂钩的补贴或返还政策。"

由此可见，税收返还优惠政策随时可能被清理，所以不要把希望寄托在税收返还上。

## 第六章

# 税收风险防范

"平台+个体"作为一种创新的事物,在税法对此尚有一些规定不明确的情况下,更难免产生税收风险。因此,本章将在理论分析的基础上,以实例帮助企业防范税收风险。

## 第一节　防范虚开发票是第一要务

"平台+个体"的税收风险,主要风险就是虚开发票。本节将以行政法和刑法的观点与判例为基础,结合具体案例讲述如何防范虚开发票。

### 一、失败的税筹

企业每天会接到很多推销电话,还有参加很多财税讲座,都说帮你税收筹划(只要成立核定征收的个人独资企业就可以税筹)。虽然本书讲述的个体户比个人独资企业一般更优惠,但同样有税筹需求。如果税收筹划这样简单,还要这么多税务师、律师干什么?显然,这些企业没有被查过，也不知道云南省一家会计师事务所因成立了四家公司和六家个体户给自己开票而被公诉要求判刑。

请看云南省昆明市盘龙区人民法院（2019）云 0103 刑初 1435 号《云南某会计师事务所有限公司、王某虚开增值税专用发票、用于骗取出口退税、抵扣税款发票一审刑事判决书》，云南某会计师事务所有限公司，安排公司员工注册四家公司和六家个体户，给自己开票 7 000 余万元，犯虚开增值税专用发票罪，判决如下：

一、被告单位云南平云会计师事务所有限公司犯虚开增值税专用发票、抵扣税款发票罪，判处罚金人民币 500 000 元。

二、被告人王某犯虚开增值税专用发票、抵扣税款发票罪，判处有期徒刑五年。

三、被告人高某犯虚开增值税专用发票、抵扣税款发票罪，判处有期徒刑五年。

显然，虽然注册的是公司和个体户，但即使是注册的是个人独资企业或合伙企业，结果是一样的。这些公司、个体户、个人独资企业、合伙企业，肯定是税收成立更低，水往低处流，原理是一样的。那么，风险自然也是一样的，都存在虚开发票的风险。所以，在防范个体户税务风险中，防范虚开发票风险排在第一位。

## 二、关于虚开发票的观点与判例基础

什么是虚开发票？《发票管理办法》第二十二条第二款规定：

任何单位和个人不得有下列虚开发票行为：（一）为他人、为自己开具与实际经营业务情况不符的发票；（二）让他人为自己开具与实际经营业务情况不符的发票；（三）介绍他人开具与实际经营业务情况不符的发票。

以上内容用一句话归纳：发票与实际经营业务情况不符就是虚开发票。

上面是行政法上的虚开发票，刑法上的虚开发票则见《中华人民共和国刑法》（以下简称《刑法》）第二百零五条规定：

> 虚开增值税专用发票或者虚开用于骗取出口退税、抵扣税款的其他发票的，处三年以下有期徒刑或者拘役，并处二万元以上二十万元以下罚金；虚开的税款数额较大或者有其他严重情节的，处三年以上十年以下有期徒刑，并处五万元以上五十万元以下罚金；虚开的税款数额巨大或者有其他特别严重情节的，处十年以上有期徒刑或者无期徒刑，并处五万元以上五十万元以下罚金或者没收财产。单位犯本条规定之罪的，对单位判处罚金，并对其直接负责的主管人员和其他直接责任人员，处三年以下有期徒刑或者拘役；虚开的税款数额较大或者有其他严重情节的，处三年以上十年以下有期徒刑；虚开的税款数额巨大或者有其他特别严重情节的，处十年以上有期徒刑或者无期徒刑。虚开增值税专用发票或者虚开用于骗取出口退税、抵扣税款的其他发票，是指有为他人虚开、为自己虚开、让他人为自己虚开、介绍他人虚开行为之一的。

以上行为是虚开增值税专用发票、用于骗取出口退税、抵扣税款发票罪。

《刑法》第二百零五条之一规定：

> 虚开本法第二百零五条规定以外的其他发票，情节严重的，处二年以下有期徒刑、拘役或者管制，并处罚金；情节特别严重的，处二年以上七年以下有期徒刑，并处罚金。单位犯前款罪的，对单位判处罚金，并对其直接负责的主管人员和其他直接责任人员，依照前款的规定处罚。

以上行为是虚开发票罪。

由此可以看出，《刑法》中没有定义什么是虚开发票。实践中，一般倾向于认为《刑法》中的虚开发票也基本等同于《发票管理办法》中的与实际经营业务情况不符，只是掌握标准从严。但严到什么程度呢？这就得要有理论支撑。因为，实际上，连行政法中的与实际经营业务情况不符也存在争议，况且现在有种趋势，《刑法》中没有认定为虚开发票，税务局也不敢按虚开发票认定（这里说的是移送公安，但没有判有罪的情况）。

理论上，目前对虚开增值税专用发票罪有几种观点，虚开（普通）发票罪可参照。这些观点主要是行为犯、结果犯、危险犯，当然还有一些其他观点，而且对什么是行为犯、结果犯、危险犯也有不同的定义，甚至有些矛盾。本书并非法学研究，只是通俗地讲述一下大概是什么意思。

（1）行为犯。可以理解为，只要实施了《刑法》规定的行为就是犯罪。也就是说，不管有没有造成危害后果。

（2）结果犯。可以理解为，造成了《刑法》规定的危害后果才是犯罪。或者说，行为没有造成危害后果，不算犯罪。当然，也有人认为结果只是用于区分既遂和未遂，并不是区分犯罪与否。

（3）危险犯。可以理解为，造成了《刑法》规定的危险状态就是犯罪。其实危险犯与行为犯、结果犯并非对立概念，而是与实害犯，即实际危害法益相对立。

以上观点可以归结为两种：是破坏了国家税收秩序即犯罪，还是造成国家税款损失的后果（或危险）才犯罪？

如果仅从《刑法》编排来看，虚开增值税专用发票罪，放在第二编分则的第三章破坏社会主义经济秩序罪的第六节危害税收征管罪之中。虚开发票破坏了国家经济秩序中的税收征管秩序，因此，不管是否造成国家税款损失的后果（或危险）都是犯罪。

所以早年对虚开发票打击甚严，不管是否造成国家税款损失后果或危险，基本上都判刑。但最近这些年发生了很大的变化。主要是挂靠开票不作为虚开发票了，其他一些不造成税款损失的，也一般不判了。例如，四川省宜宾市中级人民法院（2016）川 15 刑终 113 号《李某甲、李某乙犯虚开增值税专用发票罪二审刑事裁定书》，就判决被告虽然为另一家公司代开发票，但目的是解决生产指标问题，并不是为了偷逃国家税款，也如实缴纳了增值税，所以不构成虚开增值税专用发票罪。这份裁定书说理也很透彻，认为犯罪侵害的既有秩序又有税款，但根本在于税款，有如下分析：

本院认为，1995 年全国人大常委会作出《关于惩治虚开、伪造和非法出售增值税专用发票犯罪的决定》（以下简称《决定》），对包括虚开增值税专用发票罪等危害国家税收犯罪予以了详细规定。全国人大常委会的立法宗旨，在该《决定》前言部分得以充分体现，即为了惩治虚开、伪造和非法出售增值税专用发票和其他发票进行偷税、骗税等犯罪活动，保障国家税收。该《决定》的条文内容，1997 年修订后《刑法》的第三章第六节危害税收征管罪中予以了全部继承。其中，虚开增值税专用发票罪，分别体现在《决定》第一条和《刑法》第二百零五条的规定之中。

严重的社会危害性是任何犯罪都具有的本质特征。如果行为没有严重的社会危害性，则不属于犯罪的范畴。虚开增值税专用发票罪也不例外，必然具有严重的社会危害性。其社会危害性的体现，司法理论和实践普遍认为，该罪侵犯的是复杂客体，即行为人既侵犯了国家增值税专用发票监督管理制度，又破坏了国家税收征管，造成国家应税款大量流失。无论是之前的全国人大常务委员会《关于惩治虚开、伪造和非法出售增值税专用发票犯罪的决定》，还是之后的《中华人民共和国刑法》，从立法宗旨和立法体系可以判断，国家刑事法律无不是从保障国家税收不流失这一根本目的出发而规定一系列危害国家税收犯罪的。如果不严厉惩治这些犯罪行为，则必然或可能造成国家税收流失，危害国家税收征管。如果根本没有造成国家税收流失的可能，则不在危害税收征管犯罪的评价范围。

国家税务总局办公厅在对《国家税务总局关于纳税人对外开具增值税专用发票有关问题的公告》（国家税务总局公告 2014 年第 39 号）的解读中讲到，"挂靠"并不属于"虚开"。《最高人民法院研究室〈关于如何认定以"挂靠"有关公司名义实施经营活动并让有关公司为自己虚开增值税专用发票行为的性质〉征求意见的复函》（法研〔2015〕58 号）也持此种观点。

2018 年 12 月 4 日，中华人民共和国最高人民法院（以下简称最高人民法院）发布第二批人民法院充分发挥审判职能作用保护产权和企业家合法权益典型案例。第一个案例即为张某强虚开增值税专用发票案。张某强的龙骨厂为小规模纳税人不能开专票，借用其他公司名义对外签约并开具增值税专用发票，一审被判刑。最高人民法院复核认为"不具有骗取国家税款的目的，未造成国家税款损失，其行为不构成虚开增值税专用发票罪"发回重审。重审后宣告无罪。

如果按前面的观点和判例，不造成税款流失无罪。那么，如何与本书所讲述的"平台+个体"的概念结合起来理解呢？我们再看两个虚开发票案例以加深理解。

第一个案例来源于河北省石家庄市中级人民法院（2017）冀01刑终334号《张某军虚开增值税专用发票、用于骗取出口退税、抵扣税款发票二审刑事判决书》。张某军经营药品，没有资质借用某医药公司的，并给予10%开票费，而受票方可抵扣17%。一审判决构成非法经营罪和虚开增值税专用发票罪，二审无罪。

第二个案例来源于山东高院2019年6月发布的服务保障新旧动能转换重大工程十大典型案例。崔某某为面料公司运输货物，原来在税局代开5.8%（总税负）运输发票，后来为省税点找某物流公司交4.6%开发票，面料公司可凭票扣除7%。一审二审均判决构成虚开用于抵扣税款发票罪，山东省高院指令再审后青岛中院改判无罪。

在第一个案例中，张某军自己供述系我代理，想找医药公司走票（买卖发票），医药公司收10%左右的走票费，同时自己还给医药公司提供了生产厂家进项发票，并收取7%的发票费。而医药公司对于张某军提供的进项发票及代开发票，则声称买发票是为了抵扣高开那部分的税款，卖发票是公司为了赚钱。不管怎样，找公司走票，还要支付发票费，这不就是典型虚开发票吗？在第二个案例中，崔某某这不就相当于4.6%买发票吗？这两者都有一个共同点，就是发票费，比受票方能抵扣的进项税额少，前者给10%能抵扣17%，后者给4.6%可扣除7%，这不是造成国家损失吗？

所以，只有弄清楚这两个案件为什么没被定性为虚开发票，才能启发我们如何在个体户与公司合作时防范虚开。

### 三、虚开发票的认定

关于虚开发票，理论界争议不少，实践中判决不一，专门研究的文章连篇累牍，绝非几句话就能够能讲得清楚。但是，这又是非常重要的内容，甚至是税收筹划的重中之重，所以，下面化繁为简，讲其要点。

1. 未造成国家税款损失也不会造成国家损失

这里所说的税款是指增值税款，而非其他税款。未造成损失既包括未造成实际损失，也包括不可能造成。也就是所谓危险犯观点中的造成国家税款流失的危险。具体到前述两个案例，张某军案虽然存在票费与抵扣税款不一致的问题，但增值税是环环相扣，国家总体增值税并没有减少，张某军和药厂、医药公司之间的票费多少，并不影响国家收到的增值税。当然，有人说了，他买发票是买，我买发票也是买，为什么我被定"虚开"？问得好，区别就在于，你可能是买到了暴力虚开发票或所谓有货虚开发票。暴力虚开发票就是通过卖票的团伙虚开的发票，如第四章中浙江省绍兴市警方破获的虚开 4 800 亿元增值税发票案，团伙注册了 28 000 家公司，开了发票就跑路（税务专业术语叫走逃），走逃的公司都没交增值税，买家抵扣了，国家岂不是损失了？什么是有货虚开发票？举例说明，甲公司销售商品 200 万元，其中 100 万元买主不要发票，甲公司就把这 100 万元发票卖出去。而张三正销售给乙公司 100 万元没发票收不了款，销售是真实的，即"有货"，于是张三买下甲公司 100 万元发票给乙公司，乙公司抵扣了税款。表面上看，甲公司仍然按 200 万元销售交了税，国家没有损失税款。但实际上，甲公司本来就该按 200 万元交税，再给乙公司开具 100 万元发票，应该按 300 万元交税。这 100 万元表面上看是替代不要发票的 100 万元，但本来不开发票的部分，对方不要发票也就不存在抵扣的问题，而现在这部分发票被转开给能抵扣的乙公司，国家被抵扣了 11.5 万元（假设税率为 13%，100÷113%×13% = 11.5 万元），造成了税款损失。而前面讲述的张某军案，药厂和医药公司本来就是供销的双方，尽管中间加入了张某军，但不管有没有张某军，国家税款都没有损失。在崔某某的案件中，税务局代开 5.8% 和物流公司代开 4.6%，其实增值税都是 3%，其余的是个人所得税或管理费之类。我们注意到，其实物流公司是否存在有货虚开行为，并没有查明。否则，结果可能有变化。

2. 以名义购销方认定实际经营

虽然国家税务总局 2014 年第 39 号公告将"挂靠"不认定为"虚开"，并且在张某军案中也确实如此引用，但什么是"挂靠"呢？是不是需要有一个"挂靠协议"，口头协议算不算？更进一步，只是口头上说帮我开发票，算不算"挂靠"？难点在于"挂靠"没有定义，在上述张某军案中，法院并没有从挂靠协议入手，而是以外对名义、责任承担来判断。法院认为，张某军以医药公司名义，向受票方纳税人上述公司销售货物，与医药公司之间存在委托代理关系。在挂靠经营活动中，经常存在认人不认公司的情况，特别是中小型民营企业更是普遍。例如，很多企业老板，在张三处购买商品或服务，因为张三长期合作，信得过。但张三今天用甲公司开票，明天用乙公司开票。这些公司有的是张三与其签了挂靠协议的，有的是张三临时合作的，有的是张三新成立的。对受票的企业老板来说，并不关心，反正是验货付款，还要拖欠一下款项。究竟以哪家名义，可能在开票之前受票方都不清楚，而这时商品早就用光了，服务也享受了。所以，法院认为张某军以公司名义存在委托代理关系（即"挂靠"）。因为法院认定，无论是与购买方还是销售方所签订的合同，均是以医药公司的名义；如果出现了药品质量等合同方面的问题，在法律上承担责任者是医药公司而非张某军个人。在崔某某的案子中，法院甚至连合同都没提及。我们可以这样理解：发票是物流公司开出，因此法律上承担责任者是物流公司而非崔某某个人，因此崔某某和物流公司是挂靠关系。或者更简单点说，谁开发票谁承担责任，因此开了发票就算作是"挂靠"，因此不是"虚开"。

3. "三流一致"等观点已过时

所谓"三流一致"是指发票流、资金流、货物流一致。其中发票流是指购买双方就是发票上的双方，但如前所说，涉及"挂靠"，购买方基本上是真的，但谁是真正销售方呢？看收付款，看资金流。一定要由收销售方收取款项吗？可以是委托他人收款，亦可以是抵债，还可以是转让债权。付款也是同样，可以让别人付款，亦可以暂不付款。货物流更难说，如甲公司在广东省，乙公司在新疆维吾尔自治区，丙公司在黑龙江省。甲公司在乙公司买货物卖给丙公司，难道要从新疆维吾尔自治区运到广东省再运到黑龙江省，不可以直接从新疆维吾尔自治区运至黑龙江省吗？在上述张某军案中，药品也并没有送到医药公司，而是直接从供货商送到几家配送公司。其实归根到底，"三流一致"缺乏法律依据，并且与时代格格不入。现在的电商、互联网+和共享经济，有时我们连资金、货物（服务）从哪来的都搞不清了。那会不会出现"虚开"？

追根究底，"三流一致"起源于《国家税务总局关于加强增值税征收管理若干问题的通知》（国税发〔1995〕192 号）第一条第三款："购进货物或应税劳务支付货款、劳务费用的对象。纳税人购进货物或应税劳务，支付运输费用，所支付款项的单位，必须与开具抵扣凭证的销货单位、提供劳务的单位一致，才能够申报抵扣进项税额，否则不予抵扣。"但这里面只是讲到资金流的收款方必须是开票方，并没有说付款方必须是购买方，更没有说到货物流的问题。即使是收款方必须是开票方，虽然在实践中也有极个别处罚案例，但从没听说因此被认定是虚开发票。其实，"三流一致"是一些办培训讲课的人，为了营销的需要，而编造出来的。不信的话，去找下各种税收法律、法规及财政部、国家税务总局的规范性文件，看看哪里要求"三流一致"。与"三流一致"观点相类似的，还有"货物所有权"观点。大意是，货物是挂靠方的，如上述张某军案中的实际销售方是张某军。注意，这个案子是在国家税务总局公告 2014 年 39 号之后，但是公安局、检察院、一审法院都认为医药公司没有进行实际药品经营，而是被告人张某军在不具备药品经营资质的情况下实际进行的经营活动。但为什么二审法院认定就是医药公司经营呢？除开前面所说的原因外，根本在于国家政策导向。

4. 国家政策保护企业和企业家

上述张某强虚开增值税专用发票案，是 2018 年 12 月 4 日最高人民法院发布的第二批人民法院充分发挥审判职能作用保护产权和企业家合法权益的典型案例，充分说明了国家保护产权和企业家合法权益的政策导向。上述崔某某虚开物流发票案，是山东省高院 2019 年 6 月发布的服务保障新旧动能转换重大工程十大典型案例。山东省高院在发布会上，指出崔某某案例的典型意义是：人民法院作为司法机关，就要依法担负起保护企业家合法权益的职责，切实增强企业家人身及财产安全感，让企业家安心经营、放心投资、专心创业。在国家保护企业和企业家的政策精神下，既然没有造成国家税款损失，又何必要追究企业和企业家责任呢？

综上，我们必须充分认识张某军和崔某某案，为什么不认定为虚开发票，要把握其中要点。而这些要点，在实践中，往往自认为是虚开发票。不管是张某军案还是崔某某案，供述中的走票、买发票、卖发票、票费，这不是自己给自己定罪吗？除此之外，在张某军案中，如果他能懂得一些税法知识，明白增值税抵扣原理，通过分析购销之间税额，得出医药公司并没有少交增值税的结论，则对他非常有利。

## 四、常见虚开发票出事细节及应对

常言道，细节决定成败。虚开发票这个事，若是在真平台，有实际业务为前提的开票行为，当然不会是"虚开"；若是在假平台则有可能被定性为虚开发票。所以，决定是否虚开发票的根本因素是法律关系。但时机也能决定一半，如上述张某军案，如果不是赶上国家政策保护企业家，放在早几年，特别是 2014 年之前，就凭买发票、卖发票这样的供述，是会判刑的。

1. 常见虚开发票出事细节

（1）举报。不止虚开发票，很多税务问题都是通过举报，而且多来源于内部举报，如股东纠纷、员工不满等。税务局对于实名举报必查，即便是匿名举报也未必不查。

（2）个体户为职工。税务局在公司查账一看取得成本发票竟然是职工（含老板）开的，当然引起怀疑。其实现在金三系统中也完全可以看到，开票方是谁。

（3）购销对象单一重复。前面讲的云南的事务所成立四家公司和六家个体户，应该是只给自己开票，反复开票，当然被怀疑。

（4）咨询费多或大。一般虚开发票以服务类偏多，最常见的是咨询费。然而有这么多咨询吗？被怀疑也是正常的。

（5）资金回流。不查不知道，一查吓一跳。原来扣了开票的点子费外，钱又回流到了某个银行卡上。这些卡当然是买票关联方的，不要以为不是自己名字就查不出来。

（6）地址相同与代理相同。多个实体在同一个地址上，代理报税的也是同一人。

（7）供述自认。如果是找人借名成立个体户或当公司法定代表人，税务局询问，若这人没见过阵仗，慌张地说，我啥也不知道。这还算好的，只怕会像张某军案中，张某军和医药公司的人一样，都说我们就是买发票、卖发票。你自己都说是"虚开"，公检法都不好意思说你不是"虚开"了。

针对这些问题，要如何防范呢？从根本上说，就是实际业务要真；从实务上讲，也有针对性的办法。

2. 应对措施

（1）应对购销单一重复。不管是真平台还是假平台，都可能存在单一重复。例如，有个外墙涂装真平台，是原来自己的班组成立的个体户，开票对象主要是外墙涂装公司，单一重复。但是不怕查，真的怕啥？若是假平台可就悬了。不过，也未必是平台下的个体户就一定会单一重复。因为外墙涂装公司，他合作的绝非仅是自己原来的班组，更希望吸引众多社会力量。这些社会力量只给他一家干活吗？显然不是。所以，他们这些外来的合作伙伴，不存在购销对象单一重复的问题。即便是原来的班组，因为是真平台，虽然可能优先保证在外墙涂装平台的业务，但外面接单也是可能的。那么，也不存在购销单一重复的问题。

（2）应对咨询费多或大。咨询费不是不可以有，其他服务费也一样，关键是要有合理性，有资料支撑。例如，有一次我给某税务局讲房地产时，税务人员说，他们也遇到有些房地产开发时的费用金额很大，以咨询费等名义出现。经了解，实际上并不是咨询费，而是中介费、利息等，但是税务认可了。所以，关键在于这些服务费是否真实存在。判断真实存在与否，要有资料。这在第四章个体户与公司合作实务中已经讲过。

（3）应对资金回流。虽然法律上从没规定资金回流是虚开发票的构成要件，但实际上，很多虚开发票案件中都提到资金回流，作为罪证之一。虽然漳州市某药业有限公司虚开案中，法官认为涉及资金回流，但未对几方间支付款项、支付款项金额等事实作出认定，认定事实不清。又或者在黑龙江省某医药有限责任公司虚开案中，中国政法大学法律应用研究中心出具的专家论证法律意见书，认为货物的回流款与虚开发票无关，一审判有罪，二审裁定发回重审，至今未见后续裁判文书。但是，这毕竟是少数，资金不要回流最好。不过这两个案件也可以给我们启发：一是涉及其他资金往来（如借款）；一是涉及推广费结算。也就是说，资金有其他正常往来，就未必是"虚开"回流。如果资金不回流直接支付推广费之类呢？显然更好。例如，有的老板说，对方又不是直接把钱转到我卡上，而是把钱先转给张三，张三再转给李四，李四再转给我。这种说法实在是掩耳盗铃，你就是转一百次，顺着银行转账查，不是一样可以查出吗？现实中，有一些是采用现金支取，反正个体户就是个人，核定征收交了税的，想取就取。但大部分没有取现金，而是把钱转了又转，最终回到公司的老板、出纳或某个员工、关联方的卡上，然后统一又用来开支。如果真的要支付代理人员的推广费，何不直接通过个体户账上转给代理人员呢？本来就是真实合法开支，偏要被你搞成资金回流，变成不是"虚开"胜似"虚开"。

（4）应对地址相同与代理相同。如果是真平台，相同是正常的。因为很可能都在一起办公，而且为了减轻各个小实体的负担，平台可以代办报税等手续。如果发现平台有假，另找税务代理机构办理可能更妥。

（5）应对供述自认。不管是自己还是请人当开票方的负责人，一定要清楚自己在干什么，能不能胜任这个角色，税务局甚至是公安局问询时，能否对答如流。没见过这阵仗的人，自然会给自己套上绳索，将"挂靠"说成买发票、卖发票，还有一些其他极为不利自己的言辞。这种除了多学点税法知识外无其他好办法。无论如何，心理素质，税法知识，缺一不可。否则，有没有张某军案的运气不好说，但很可能像张某军一样，自己给自己套上罪名。

### 五、防范虚开发票风险小结

之所以说是小结，而不是总结，原因有二：一是虚开发票的认定和防范错综复杂，不是简单几句话就能讲清楚；二是即便只讲防范个体户虚开发票，涉及的内容也比较多，如员工个体化与委托运营或管理外包，这与平台化转型有关的，可能更切合当前组织重构的时代。特别是这次新冠疫情过后，组织重构的步伐会加快，那为什么不放在本节讲呢？因为员工个体化，除税务关系外，还与劳动关系有关，关键是商业模式有重大变革。各种个体的税收方式，都可能出现一些风险。我们要多学法律知识，不要等税务局找来的时候才想起本书。

个体户防范虚开发票风险小结。

（1）学税法用税法。不光是税法文件本身，还包括虚开发票的相关案例及相关实务。

（2）购销基础要落实。这也是传统对虚开发票认定的一些要点，主要基础是第四章个体户与公司合作实务中的内容。重点是协议、业务、发票和结算要规范。

（3）组织重构。有一些特殊情况只能通过组织重构助力企业转型，实现多种收益。当然，要记住，组织重构，绝不能只考虑税收，更要从企业战略发展角度去思考。前文讲述的云南省个体户的案例，如果事先进行组织重构，也许就是不同的结局。

（4）细节要注意。主要是前面讲述过的常见虚开发票出事细节因素及应对的内容，避免不是虚开发票被找麻烦，甚至自认虚开发票自己害自己，不要期望都碰上张某军案的二审法官，改判无罪。

## 第二节　行业税收风险防范示例

本节将以建筑业、医药咨询等个体户较为集中的行业为代表，讲述如何进行税收风险防范。

## 一、建筑业个体户

建筑业是最缺成本票的一个行业，也是营改增后冲击最大的一个行业。虽然进入了全面营改增时代几年了，总体的建筑业税收意识在增强，但还是不规范，集中表现在材料发票虚开多，劳务发票大量虚开。特别是挂靠项目，挂靠方通常没有专业的财务人员，而且税收风险由挂靠的建筑公司承担，所以就胆大买票冲账。

这里先说"挂靠"。先从合法性说起，建筑业"挂靠"合法吗？不合法。但是，违反《中华人民共和国建筑法》的事税法并不管。例如，《国家税务总局关于进一步明确营改增有关征管问题的公告》（国家税务总局公告 2017 年第 11 号）第二条规定："建筑企业与发包方签订建筑合同后，以内部授权或者三方协议等方式，授权集团内其他纳税人（以下称第三方）为发包方提供建筑服务，并由第三方直接与发包方结算工程款的，由第三方缴纳增值税并向发包方开具增值税发票，与发包方签订建筑合同的建筑企业不缴纳增值税。发包方可凭实际提供建筑服务的纳税人开具的增值税专用发票抵扣进项税额。"

《建筑法》第二十二条规定："建筑工程实行招标发包的，发包单位应当将建筑工程发包给依法中标的承包单位。建筑工程实行直接发包的，发包单位应当将建筑工程发包给具有相应资质条件的承包单位。"第二十六条规定："禁止建筑施工企业以任何形式允许其他单位或者个人使用本企业的资质证书、营业执照，以本企业的名义承揽工程。"

《住房城乡建设部关于印发〈建筑工程施工转包违法分包等违法行为认定查处管理办法（试行）〉的通知》（建市〔2014〕118 号）第七条规定："存在下列情形之一的，属于转包：（一）施工单位将其承包的全部工程转给其他单位或个人施工的；……"这就是转包嘛！

《住房和城乡建设部关于印发〈建筑工程施工发包与承包违法行为认定查处管理办法〉的通知》（建市规〔2019〕1 号）第八条："存在下列情形之一的，应当认定为转包，但有证据证明属于挂靠或者其他违法行为的除外：（一）承包单位将其承包的全部工程转给其他单位（包括母公司承接建筑工程后将所承接工程交由具有独立法人资格的子公司施工的情形）或个人施工的；……"

例如，我有一个客户，国有建筑集团，集团公司中标后，让子公司施工。省建设厅来检查时进行了处罚。连转包给子公司都是违法，更何况转给集团内其他纳税人。

所以，税法与建筑法是两个领域，因此，我们这里讲的"挂靠"，仅仅是税法领域的合法性。

在税法方面，企业挂靠经营的核心问题当然是利润如何拿走的问题。这部分其实是管理服务（详见第四章），挣的钱就是管理费嘛。当然，还包括了垫资、承担风险等的回报，即投资收益，但要区分开来，实在困难。

在建筑业，不管是否挂靠，都存在一些支出没有发票的问题。有些是当时为了省钱而没要发票，有时是无法取得发票。这些问题如何办好？原来的办法是找发票冲账。本书前面已经否定了这种做法，提出另外的办法，由个体户开发票。发票的内容有两种：一是原来的商品或服务；二是代办服务。

例如，建筑公司买砂石没有发票，由个体户来买了卖给建筑公司，发票的销售商品就是砂石。有人要问了，我在卖砂石，那我岂不是还要有采购发票，有进货入库、出库？没有。因为个体户是核定征收，要进货发票干什么？砂石当然是直接运到工地，又不是零售商品，还要入库出库。又不是一般纳税人，金三系统中还要比对一下购销商品名称是否相符。

那么，从基础法律关系上看呢？会不会被认定为虚开发票，明明是建筑公司购买的，却找个体户代开发票，而且这个个体户还是挂靠的老板成立的，肯定要防范虚开风险。这个问题首先要从买卖的名义说起。前文在防范虚开风险中已经说过，一种观点是谁的名义买卖，发票就是谁之间开，其实张某军案就是这样的。我们这种情况，并不存在买发票、卖发票的问题，只是存在关联方的问题。但是，通过关联方采购，也是合法的。年纪大一点的同志知道，当年的国企有一个供应公司或劳服司这样的集体企业，国企的各种采购都要通过这家公司。明明是车间的人来拿零件，但开票要开给供应公司，供应公司再卖给国企。这是虚开发票吗？从没听说过这种情况被定为"虚开"。现在，很多大型集团公司也是通过统一的采购公司来多开一次票，尽管实际是各地子公司和厂家之间收发货。款项在集团公司来说通常是统一支付，但是小一些的公司可能由实际收货方和厂家结算，也不能因此定为虚开发票。

若要更稳妥一点，在给砂石厂付款时，通过个体户支付更为可靠。建筑公司和个体户签协议，个体户和砂石厂签协议，约定直送工地。其他的一些支出，也可以类似处理，如工地租房，委托个体户代租、转租。但建筑劳务有点特殊，因为涉及资质问题。《建筑法》第十三条规定："从事建筑活动的建筑施工企业、勘察单位、设计单位和工程监理单位，按照其拥有的注册资本、专业技术人员、技术装备和已完成的建筑工程业绩等资质条件，划分为不同的资质等级，经资质审查合格，取得相应等级的资质证书后，方可在其资质等级许可的范围内从事建筑活动。"第二十六条规定"承包建筑工程的单位应当持有依法取得的资质证书，并在其资质等级许可的业务范围内承揽工程。"

根据国家取消建筑劳务资质的试点要求，有一些省取消了建筑劳务资质。例如，四川省2019年9月发布《四川省住房和城乡建设厅　四川省市场监督管理局关于开展建筑专业作业企业试点工作的通知》（川建行规〔2019〕7号），其主要内容为：

> （一）暂停施工劳务分包企业资质审批。自2019年10月12日起，试点地区停止受理施工劳务分包企业资质申请。已经取得施工劳务分包企业资质的企业，可继续按现行有关规定办理变更、延期等事项。……
>
> （二）发展专业作业合伙企业。支持具有一定管理能力与施工作业业绩的班组长与建筑工人合伙出资依法设立建筑专业作业企业，纳入"小微企业"管理。建筑专业作业企业设立应当符合《中华人民共和国合伙企业法》"有限合伙企业"登记设立的规定。建筑专业作业企业法定代表人应当由建筑相关专业执业注册人员或取得职业技能资格的技术工人担任。……

请注意，四川省专业作业企业是指有限合伙企业，个体户不行。但是，其他地方的规定又不一样。例如，《河南省住房和城乡建设厅关于印发〈河南省培育新时期建筑产业工人队伍试点工作方案〉的通知》（豫建建〔2018〕69 号）规定："发展专业作业企业。引导现有劳务班组或有一定技能和经验的班组长成立以作业为主的专业公司或注册个体工商户，作为建筑工人从业的合法载体。"《山东省住房和城乡建设厅关于印发〈山东省建筑业劳务用工制度改革试行方案〉的通知》（鲁建建管字〔2017〕15 号）规定："通过引导现有劳务企业转型、鼓励专业承包企业做专做精、支持具有一定管理能力的班组长组建小微企业或注册个体工商户，推动发展一批防水工、砌筑工、混凝土工、钢筋工、架子工、手工木工和装配式建筑施工等职业（工种）作业为主的专业企业。"《江苏省住房和城乡建设厅关于取消施工劳务企业资质要求的公告》（江苏省住房和城乡建设厅公告 2018 年第 7 号）规定："持有营业执照的劳务作业企业即可承接施工总承包、专业承包企业的劳务分包作业。"没有提到个体户。此外，还有多省试点取消建筑劳务资质，各有各的规定。

四川省住房和城乡建设厅于 2021 年 7 月 16 日发布《四川省住房和城乡建设厅关于建筑业企业施工劳务资质实行备案制有关事项的通知》（川建审发〔2021〕196 号），将建筑企业施工劳务资质由审批改为备案，"开展建筑专业作业企业试点的成都、泸州、绵阳、内江、巴中等五市的企业，可以继续按照《四川省住房和城乡建设厅四川省市场监督管理局关于开展建筑专业作业企业试点工作的通知》（川建行规〔2019〕7 号）规定申报办理建筑专业作业企业，也可以按本通知规定备案办理建筑业企业施工劳务资质。"

从发展的趋势看，全国性取消建筑劳务资质是必然的，因此可能全国性允许个体户从事建筑劳务。即使四川省没有允许个体户从事建筑劳务，但是如前所举的四川省隆昌市的两个工程服务队的例子，还不是一样成立了从事建筑劳务的个体户，其中一家成立时间是试点之前的 2017 年，另一家正好是试点开始的第一天，2019 年 10 月 12 日。

既然税法领域并不管是否符合建筑法，那这些建筑劳务个体户当然可以继续向建筑公司开发票。

## 二、医药咨询个体户

医药行业，营销费用普遍高达 50% 以上。不仅药厂，中间环节的医药公司也存在这类问题。当然，他们可能又通过一些平台公司，去走一道账，一来一回价格就高了。开发票路线是药厂到平台公司，再到医药公司。可能药厂出厂价 2 元，到了平台公司出来就是 20 元了，医药公司再卖给医院还得要加几元。至于平台公司加价的 18 元，在扣掉增值税和开票费后，返给医药公司指定的人。在前文提到的黑龙江某医药有限责任公司虚开案中，开票方某医药销售有限公司，不就是平台么？辩护理由中就有，医药销售有限公司给医药有限责任公司实际经营人韩某返的钱，即资金回流的钱，是用于医药推广费，因为韩某帮某医药销售有限公司进行医药推广。怎么感觉是反了？究竟谁在卖药，谁在推广？这不重要了，反正这个案子还在发回重审中。

根据现在不造成增值税款损失，即不构成虚开增值税专用发票犯罪来说，的确没造成增值税损失。岂止没造成损失，还增加了国家的增值税收入。因为，医院的医疗服务免增值税，不能抵扣。但药价高了，增值税款就多了。2019 年财政部决定检查 77 家药企的会计信息，结果显示，部分医药企业存在问题：一是使用虚假发票、票据套取资金体外使用；二是虚构业务事项或利用医药推广公司套取资金；三是账簿设置不规范等其他会计核算问题。

这是个社会问题，涉及药品定价机制、医疗体制等，现在推行的带量采购已经让药价大降了，这才是方向。

抛开这些上层建筑的法与理，从实务角度，个体户、个人独资企业都面临同样的问题：市场、学术推广费及咨询费问题。

医药实务中，常用的资料：病历、拜访医院和医生照片、学术会议照片、调查报告、市场分析报告等，不一而足。根据财政部公布 2019 年对 77 家药企检查结果来看，19 家被处罚的企业，存在会议费不实、市场推广费缺乏证明材料等问题。

医药行业税收风险大，这是基础关系决定的。与建筑业不同，除了完善更多资料以外，可能全靠如何去认识了。就像黑龙江某医药有限责任公司虚开案一样，全靠你如何认识法律性质。这些费用虽然流向了医生，但算不算推广呢？虽然有资金回流，但某医药有限责任公司也有回流。企业应走好每步，且行且珍惜，多看下财政部的检查结果，多考虑如何防范风险。

### 三、其他行业个体户

咨询中介行业对个体户需要量大，如设计、监理、事务所、房产纪经，还有类似以人力为主的营销策划、软件开发、电商主播、医美中介等。这些行业有一个特点，主要的成本是人，包括给介绍业务人的费用等。除此之外的硬成本，如材料之类是几乎没有的。而人工如此之高，这部分往往又不愿意交高额的个人所得税，又担心社保按实发工资交不起。而且涉及很多外部人员，包括外部介绍业务的提成，还有外部挂靠的工资也完全不在自己掌握之内，特别是商业地产现在不好卖，要通过多种渠道联合各种中介才能销售。

这就是联合协作嘛，基础的法律关系也在此。如果真的平台化了，那就是多个个体户与公司之间的合作了。自然，在此还是要回到第四章个体户与公司合作中讲过的那些内容。只不过针对这类行业，要特别强调一下，要把真实的业务逻辑用完整的资料串联起来。否则，防范虚开发票风险中举的那个云南会计师事务所就是前车之鉴。

上述这些行业如何做到税收风险防范，请注意以下几点。

（1）业务关系。如真平台与假平台一样，其业务关系是关键。若是合作关系，开票分利。

（2）分配得当。所谓得当不是说分多分少，是70%还是80%，而是要符合行情，符合事实。方式可以是，提成、固定、保底加提成、计时等，关键是要合理。

（3）可以挂靠。即使是个人挂靠个体户也是可以的。

（4）资料为王。这点在第四章个体户与公司合作中已经讲过。

下面我们来举几个具体行业的例子。

（1）律师事务所。律师事务所与个体户合作，可能的情况包括法律服务外包、破产事务合作、非法律事务合作，如财税服务、房地产专业事务服务等。至于通用的如广告宣传、图文制作、会议之类，不再列举。不过有的律师事务所在利用第三方科技平台或信息系统，也存在合作可能。合作个体户的服务范围，可以有法律咨询。

（2）会计师事务所。合作个体户的业务范围，可以有会计、审计与税务咨询。

（3）工程监理、设计。合作个体户的业务范围，可以有工程管理服务、设计服务。不过设计服务有的地方不一定批。

（4）房产纪经。某些不太好销的地产，如商业地产，往往涉及多个机构之间合作，层层分销。房产经纪已经取消了资质，但是，在经营范围规范表述查询系统中，个体户没有房产经纪的范围，所以实践中往往办成信息咨询服务（不含许可类信息咨询服务）或社会经济咨询服务。

与上面的相对高端一些的以人力为主的行业不同，物业服务也是以人力为主的，但低端一些。工资低，劳动纠纷多。因此有外包服务需求。例如，有家物业公司说要将清洁外包给个体户，但是保安没法外包，办不了保安的资质。我说你为什么要这么想呢？没有保安资质的，物业服务的也行啊，保安不是物业服务的一部分吗？你也可以不叫保安，叫秩序维护啊。现在物业已经取消了资质了，所以即使是个体户，也可以从事物业服务。物业公司的人一拍大腿，对啊，我怎么没想到！不过，这是当时还没有上线经营范围规范表述查询系统，现在则只能考虑家政服务之类了。

由于个体户涉猎的行业实在太多，也各有各的特点，总会存在一些可能限制的地方。我们要有针对性地加以解决，想办法，合理地处理个体户的税收问题，防范风险。

## 第七章

# 税务与劳动合规

制约"平台+个体"发展最重要的因素，就是税务与劳动合规。以灵活用工平台为例，虽然一路前进，却争议不断。因外卖员送餐过程中受伤发生的事故此起彼伏，社会公众往往痛骂外卖平台缺乏社会责任。对于意欲平台化转型的传统企业，以及本章中将要讲到的家装公司等，更缺乏如外卖平台这样成熟的参考案例。因此，探索一条税务与劳动合规之路，进而通过组织重构实现企业飞跃，是本章乃至本书的终极目的。

## 第一节　灵活用工平台发展冰火两重天

一方面，灵活用工平台发展迅猛，另一方面，灵活用工平台又爆出涉嫌虚开发票。

### 一、被推崇的共享经济收入结算平台

2020 年 6 月 2 日，CCTV-13 央视新闻频道朝闻天下栏目报道了海南省一家共享经济收入结算平台，也就是一家灵活用工平台。

新闻中对海南省共享经济收入结算平台大加推崇，称其赋予这些自由职业者一个个体户的（身份）资格，让他享受所有的税收优惠政策，自由职业者数量由过去的不到 1 000 人，已经发展到现在的 246 万人以上，平台税收也由过去不到 1 000 万元的规模，不到半年时间已经实现税收 2.67 亿元。

现在，很多行业在应用灵活用工平台解决发票问题。最为大众熟悉的就是网约车、外卖，一些新兴的行业如网络主播，还有很多传统的行业也在利用这类平台，如设计、翻译等，甚至是建筑用工行业。

## 二、被打击的共享经济服务平台

2020 年 7 月 4 日，烟台市公安局按照公安部统一部署，在公安部经侦局数据导侦（烟台）战略中心，对一起利用互联网共享经济服务平台虚开增值税专用发票案进行全国集中收网。该案系营改增税制改革后，全国首例利用互联网共享经济服务平台虚开发票案，涉嫌虚开增值税专用发票金额高达 13 亿余元。行动当天，北京、天津、河北、山东等 10 省 15 市同时收网，部、省、市、县四级联动，共出动警力 200 余名，传唤控制涉案人员 46 名。

"7·04"专案的成功收网，标志着全国首例利用互联网共享经济服务平台虚开发票案告破，揭开了利用国家税收、地方招商引资和委托代征等优惠政策，大肆骗取、漏逃国家税款的黑灰产业内幕，有利维护了国家税收征管秩序。

## 第二节　合规与合规风险

合规，简单地说就是合乎规范，它是当今企业管理的热点，也是社会经济发展到一定阶段的必然要求；合规风险，主要涉及不合规事件发生的可能性以及不合规导致的后果。因为"平台＋个体"自身的特点，合规与合规风险又有着与其他领域不同的重点。

## 一、何谓合规

《中央企业合规管理办法》（国务院国资委令第 42 号）中对合规、合规风险、合规管理的定义："合规，是指企业经营管理行为和员工履职行为符合国家法律法规、监管规定、行业准则和国际条约、规则，以及公司章程、相关规章制度等要求。合规风险，是指企业及其员工在经营管理过程中因违规行为引发法律责任、造成经济或者声誉损失以及其他负面影响的可能性。合规管理，是指企业以有效防控合规风险为目的，以提升依法合规经营管理水平为导向，以企业经营管理行为和员工履职行为为对象，开展的包括建立合规制度、完善运行机制、培育合规文化、强化监督问责等有组织、有计划的管理活动。"

对于这些概念，我们要注意以下一些事项。

（1）合规义务非常广泛。合规的义务并不止于遵守相关法律法规规范性文件，依据《合规管理体系指南》（GB/T 35770—2017），还包括惯例和协议，甚至是自愿的承诺。

（2）合规风险并非限于刑事或者行政责任。如企业因环境污染造成了重大的责任事故，除了接受处罚以外，还恶化了和附近居民的关系，破坏了在社会公众中的形象，造成合作伙伴疏远的后果。

（3）合规管理是具有文化的体系。合规管理不但是一种活动，更是一个完整庞大的体系。合规管理的体系需要合规文化的引导，而非仅靠制度的强制性约束。需要将合规文化植根于全体人员的思想深处，才能自觉地履行合规义务，使合规体系有效运转。

## 二、为何合规

之所以合规近年来得到了足够的重视，一方面和国资委的要求有关，另一方面来自涉案企业合规。

什么涉案企业合规呢？最高人民检察院《关于开展企业合规改革试点工作方案》如是说："开展企业合规改革试点工作，是指检察机关对于办理的涉企刑事案件，在依法做出不批准逮捕、不起诉决定或者根据认罪认罚从宽制度提出轻缓量刑建议等的同时，针对企业涉嫌具体犯罪，结合办案实际，督促涉案企业作出合规承诺并积极整改落实，促进企业合规守法经营，减少和预防企业犯罪，实现司法办案政治效果、法律效果、社会效果的有机统一。"

简单地说，就是企业实施了与生产经营密切相关的犯罪，如行贿罪、污染环境罪、生产销售伪劣产品罪、虚开发票罪等，本来该判刑，但是企业提出合规整改计划，检察院经监督评估确认，确实完成合规整改，可以不起诉，或者虽然起诉，但从宽处理。对于企业特别是民营企业而言，很多时候合规的动力不足。相反他们认为只有不合规，才能赚取更多的经济利益。然而在面临判刑的时候，就有了合规的动力。

如此种种措施，推动了合规业务的开展。但如前所述，合规风险并非限于刑事或者行政责任。因此，合规的目的是有什么呢？

（1）避免刑事或行政处罚风险。这显然是企业最担心的风险，但似乎人尽皆知，因此不赘述。

（2）促进可持续发展。合规的企业，可以全身心投入可持续发展，对保障稳定经营有帮助。

（3）提升商业信用。合规的企业经营，可以使供应商、客户、投资者及其他合作伙伴形成良好的商业预期，提升信用，可以起到硬指标以外的软作用。

（4）有助于凝聚团队、提升管理。通过合规体系的建立，可以形成规范化的管理，上下一心，以文化凝聚团队，以合规提升管理。

总之，虽然近几年合规从无到有、由冷变热，有着国资委的推动、涉案企业合规的临门一脚，但其实根本在于企业自身发展的需求，是内生的动因，外因不过是拨云见日。

## 三、合规管理

简言之，合规管理就是要在企业内部建立合规体系，满足合规要求，履行合规义务。

合规的主要文件有《中央企业合规管理办法》（国务院国有资产监督管理委员会令第42号）、《中央企业合规管理指引（试行）》（国资发法规〔2018〕106号）、中华人民共和国国家标准《合规管理体系　指南》

（GB/T 35770—2017/ISO 19600：2014）等。

地方上还有合规文件，如《四川省省属企业合规管理指引（试行）》，《成都市属国有企业合规管理指引》（成国资委〔2020〕38号），《成都高新区区属国有企业合规管理指引》（成高财发〔2021〕203号）。

各个大公司也有合规文件，如蜀道集团有《各直属企业合规内控体系建设指导意见》，四川蜀道装备科技股份有限公司有《四川蜀道装备科技股份有限公司合规管理办法（试行）》。

这些文件中对合规管理有着具体的规定，主要包括合规原则、职责分工、管理重点、重点环节、重点人员、海外合规、管理运行、合规管理保障等内容。

## 四、合规风险

前面讲了如此多的合规问题，可能有的读者要问，为什么讲这些？我们不是讲"平台+个体"的税收筹划吗？是的。一切税收筹划的前提是必须合法合规，否则可能导致偷税漏税。《涉税专业服务监管办法（试行）》（国家税务总局公告2017年第13号）第五条第一款第（四）项规定："对纳税人、扣缴义务人的经营和投资活动提供符合税收法律法规及相关规定的纳税计划、纳税方案。"

随着2021年网络主播偷税事件的巨额罚款，税收问题日益走进普通大众的视线。主播和直播平台就是典型的"平台+个体"。税收问题已不仅是大主播赚多赚少的问题，而是关乎普通人进军直播行业是否可行，直播平台能否生存，传统企业向直播带货转型有无障碍的问题。

其实，在很多"平台+个体"的领域，正是因为解决了税收问题，才得以蓬勃发展。例如，网约车，如果不能解决天量司机的税收，网约车公司如何能发展起来，哪里会有今天这样打车很容易的局面？

可见，税收问题是"平台+个体"面临的主要合规风险。同时，因为在平台上，个体众多，个体与平台之间是什么关系呢，是劳动，还是劳务？需要缴纳社保吗？如果不缴纳社保，工伤怎么办？凡此种种，争议不断。外卖小哥，就是这种劳动合规风险的集中体现。

时至今日，税务与劳动合规，仍然是"平台＋个体"的主要合规风险领域，故下面将重点分析。

## 第三节　灵活用工平台之税务合规

最近这些年灵活用工平台发展很快，有很多大公司、大平台在用。但是，即使是在《促进个体工商户发展条例》已经正式施行的今天，很多灵活用工平台仍然存在法律性质不清楚的问题，如此怎能税务合规？本节将针对灵活用工平台试探性地提出相应的税务合规模式。

### 一、传统灵活用工平台模式

前面分析了灵活用工平台的传统模式，也是大部分灵活用工平台仍在用的模式，即：

（1）企业向平台购买服务，服务名"共享经济综合服务"或其他一些似是而非的名称；

（2）个人通过平台为企业提供服务；

（3）平台向企业开票，服务的税收编码通常为"其他咨询服务"或"现代服务"，服务的名称则可能为"咨询服务"，也可能为其他的服务，如"设计服务"。

在"共享经济综合服务"名称之下，究竟企业、个人、平台三者之间是什么样的法律关系？提供什么样的服务？可能没人说得清楚。如果连法律关系都说不清楚，怎么可能实现合规？那么，在这种模式之外还有没有其他模式？有，如众包模式。众包模式就是企业把过去由员工执行的服务以自由自愿的形式外包给平台，平台再把服务外包给个人，如图7-1所示。

一般情况下，这种模式似乎没有什么问题，但是，在一些特殊的情况下，却存在很大的障碍，主要在于资质相关的东西。例如，工程设计，若平台没有设计资质，怎么承接的设计服务呢？当然，个人更没有这个

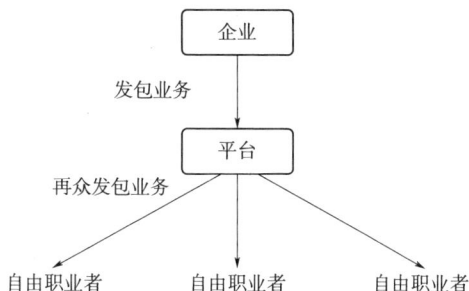

图 7-1　众包模式

资质。要完全解决这个问题不太现实，但至少要消除平台的资质问题，才比较安心。

其实就算有资质，一样会存在问题。难道自由职业者提供的服务不合格，平台要承担责任吗？合同一般都约定的是平台不承担责任。所以，这个并不是建筑业那种总包和分包的关系。

另外，在税收层面也存在一定问题。例如，某平台设计了这样一种模式：平台向企业开专用发票为 6%，个人在税局代开普通发票为 3%。由于普通发票不能抵扣，所以成本很高。当然，2023 年个人在税务局代开为 1%，虽然少了许多，但毕竟还是有 1% 不能抵扣。而前面所讲述的平台去掉 6% 可抵扣增值税以外，只有 1.1% 成本，现在还降了一些，怎么操作？一部分是税收返还，另一部分则是根本没有交这 1% 增值税。

原来的操作模式，既然平台是代征，有税务机关出具的委托代征证书，交了 6% 增值税，那个人就不用交增值税了。直接把钱给个人，也不用开发票了。反正也代征了个人的经营所得个人所得税。

这样的操作有争议，毕竟经营所得，要个人开发票给平台。然而，由于监管形式的变化，这个问题变得尖锐起来。因此，平台采用了新的模式，让全部个人都注册个体户。看看，转了一圈，灵活用工平台又回到个体户。大道至简，个体户用好了，就是灵活用工平台，就是新经济。

既然是个体户，那个人给平台开票的问题也就轻松解决了。个体户天经地义是经营所得，理所当然给平台开票。不过，平台搞个体户未必就是众包模式，有的明确为"众包"，有的则仍是"共享经济综合服务"。在平台开给企业的增值税专用发票中，税收编码一般仍为"其他咨询服务"或"现代服务"，如果是众包，这编码不对，明明是工程设计，税收编码应该选"工程设计服务"，怎么选"其他咨询服务"呢？

有一个平台，在协议中就要约定开票内容，有人说这样开票就是合规的。可是，若约定为"工程设计服务"，但税收编码为"其他咨询服务"，这种约定能对抗税法规定吗？

所以，仅从税收的角度来看，就有必要推出全新的合规模式。从法律的角度看，也呼唤合规模式的出现。

## 二、全新的合规模式

对于灵活用工平台来说，最好的合规模式就是纪经代理服务。纪经代理服务一般包括代撮合双方，代开票，代发工资，代交（征）税。这不就是税收编码中的"经纪代理服务"吗？所以，在协议中就是要明确提供这一类的服务，开票就选纪经代理服务的税收编码。至于开票金额，可以是全额，如果自由职业者单独开票也可以是差额，如图7-2所示。

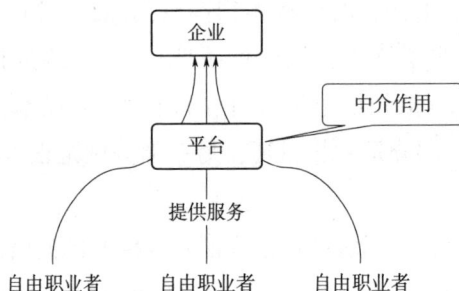

图7-2 纪经代理服务模式

乍一抛出这个观点，很多税务局专业人员都接受不了。他们虽认可灵活用工平台其实属于经纪代理服务，但对全额开票还难以接受。他们觉得，只能就自己收的代理费开票。

从税法规定上看，相关规定如下。

（1）属于经纪代理服务。财税〔2016〕36号附件1《营业税改征增值税试点实施办法》对经纪代理服务的解释为："是指各类经纪、中介、代理服务。包括金融代理、知识产权代理、货物运输代理、代理报关、法律代理、房地产中介、职业中介、婚姻中介、代理记账、拍卖等。"此为不完全列举，代理开票、代征、代付之一类的放在这里，通常并无异议。

（2）一般情况是按全额开票。根据财税〔2016〕36号附件1第三十七条第一款规定："销售额，是指纳税人发生应税行为取得的全部价款和价外费用，财政部和国家税务总局另有规定的除外。"可见，按全额开票是一般情况，若无特殊情况，不应该按差额开票。例如，个人收1万元，平台收800元，公司将钱全付给平台，从平台取得由平台开具的10 800元发票。

（3）不含价外费用是特殊情况。财税〔2016〕36号附件1第三十七条第二款规定：

> 价外费用，是指价外收取的各种性质的收费，但不包括以下项目：
> （一）代为收取并符合本办法第十条规定的政府性基金或者行政事业性收费。
> （二）以委托方名义开具发票代委托方收取的款项。

这是属于特殊情况。具体来说，在灵活用工平台代收政府性基金或行政事业性收费的基本不存在，而是以委托方名义开具发票代委托方收取的款项。在上例中，个人收1万元，平台收800元，公司先将钱全付给平台，然后从平台取得平台给公司开具的800元发票，以及个人给公司开具的1万元发票。

从实践中看，经纪代理企业有很多这样的开票。早先，网络订票商提供机票和手续费发票，后来，就直接开在一起，如图7-3所示。

在税法上，这样开票并无问题。将平台开票给公司的问题解决了。那么，个人要不要开票给平台呢？如果开，采取什么方式呢？

通常有两种方式：成立个体户开票或个人在税务局代开。从实践中看，前者较好，后者很容易引发劳务报酬的争议。如果是办理了个体户的执照，再定为经营所得是没有问题的。即使是后面要讲到的员工个体化，涉及法律性质，税务局也不会深究，反正有执照按经营所得收税。

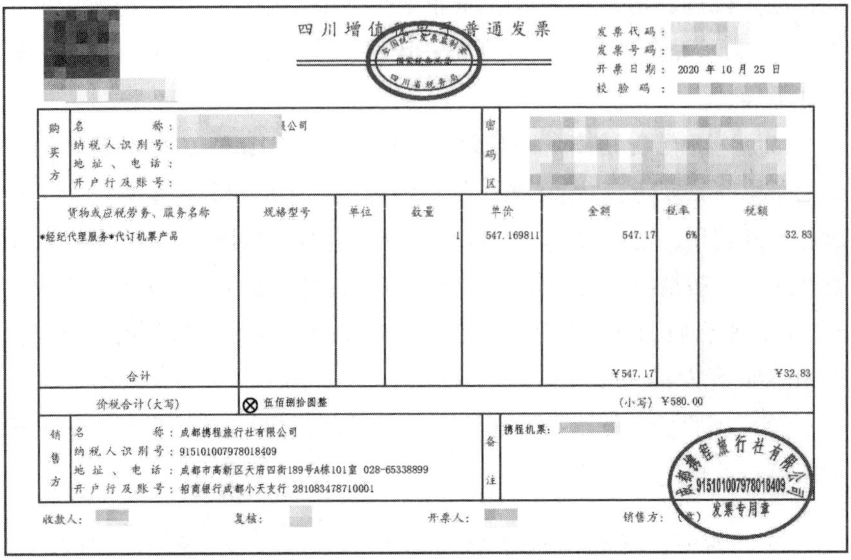

图 7-3　订票商开具的全额发票

但是如果没办执照，以个人名义去税务大厅代开发票，就可能会发生一个大厅按经营所得征一定比例的个人所得税，如 1%，另一个大厅按劳务报酬在发票上盖章"请支付单位依法代扣代缴个人所得税"的情况。例如，我有一个客户，为个人代开设计票，跑了几个税务局，都只肯按劳务报酬开发票，最后终于找到一个税务局可以按经营所得收税。又如，我的一个朋友，在成都市税务局代开软件开发发票，要按劳务报酬20% 收个人所得税。他觉得太高了，于是去贵州省某地税务局开票，综合税率约 5%（当时要交 3% 增值税），也就是一点几的个人所得税（经营所得）。

所以，为了不被认定为劳务报酬，最好的处理方法就是办理个体户执照。那么，这么多个体户，平台会不会忙不过来？当然不会，因为平台接通了市场监管局的系统，可以批量通过网络快速注册个体户，号称"电子个体户"。

现在代开发票的操作路径就成了个体户→平台→企业。平台是中间的代理机构，或居间机构，算经纪代理服务。

为什么不采用个体户直接开票给企业，平台只收中介费（代理费）的方式开票呢？现在的做法不是多此一举吗？

原因很简单，为了全额开票。

## 三、平台为什么全额开票

个体户直接开票给企业，大部分是在月 10 万元或者年 120 万元（很多平台限制金额在这个范围）以内，这样增值税一分不交，税务局仅收个人所得税。而如果通过平台全额开票，通常为 6% 的增值税，这是多大的差别。若某超大平台，一年开 300 亿元的发票，这就是近 20 亿元的增值税啊。

为了解决众多个人开票的技术问题，平台往往采用委托代征的形式，由平台代征个人的税费。而取得委托代征的资质，离不开当地政府的支持。事实上，平台在很多地方是作为招商引资项目进入的，平台采用全额开票的形式，能为地方带来可观的税收，这部分税收实际由平台使用者即用工企业承担，平台不会增加负担，当然选择全额开票的方式。

从理论上看，平台也可以只开中介（代理）费发票。一般情况下，企业会收到两张发票，一张是个体户开出的实际业务的发票，一张是平台开出的经纪代理服务费发票。然而在实践中，全额开票可以在当地多交税收，获得地方政府的支持，享受优惠政策，且平台全额开票也是合法的，依据财税〔2016〕36 号文，全额开票才是一般做法。故平台当然选择全额开票。

## 四、平台与临时税务登记

"平台+个人"中的个人除成立个体户外，还可以办理临时税务登记。临时税务登记与个体户有很多相同点，都是经营所得，都可以开票，而且还只能核定征收，没听说临时税务登记有被查账的，没要求建账。

那么，为什么还要成立个体户呢？这通常是税务部门的意见。税务人员可能会问，你为什么要办临时税务登记呢？你又不是我们这里的户口，也不在我们这里居住，服务也不在我们这里开展，说穿了你就是在我们这里开票而已，说不定还会给我们找麻烦。从临时税务登记的角度来讲，似乎没理由给你登记，你一个外地人，又是在异地的服务，凭什么我们要给你登记？所以，最简单的办法，你去办执照成为个体户。国家可是积极支持个体户的，工商部门不管你是哪的户籍或住在哪儿，只要你注册在本地就是本地的个体户。有工商部门发的执照，我们税务部门给你开发票，那可就天经地义了。

因此，虽然临时税务登记看起来更方便快捷，但实践中税务部门倾向于个体户。当然，现在也有一些平台用的是临时税务登记。

### 五、所得性质是什么

不管是个体户，还是临时税务登记，其实都要面对一个问题，究竟是经营所得还是劳务报酬或工资薪金所得？

《个人所得税法实施条例》第六条规定：

（一）工资、薪金所得，是指个人因任职或者受雇取得的工资、薪金、奖金、年终加薪、劳动分红、津贴、补贴以及与任职或者受雇有关的其他所得。

（二）劳务报酬所得，是指个人从事劳务取得的所得，包括从事设计、装潢、安装、制图、化验、测试、医疗、法律、会计、咨询、讲学、翻译、审稿、书画、雕刻、影视、录音、录像、演出、表演、广告、展览、技术服务、介绍服务、经纪服务、代办服务以及其他劳务取得的所得。

…………

（五）经营所得，是指：①个体工商户从事生产、经营活动取得的所得，个人独资企业投资人、合伙企业的个人合伙人来源于境内注册的个人独资企业、合伙企业生产、经营的所得；②个人依法从事办学、医疗、咨询以及其他有偿服务活动取得的所得；③个人对企业、事业单位承包经营、承租经营以及转包、转租取得的所得；④个人从事其他生产、经营活动取得的所得。

这里面，劳务报酬与工资、薪金的区别，其实就是劳务所得与劳动所得的区别。至于预扣个人所得税时劳务报酬较高，那也会在汇算清缴时统一为综合所得，最终交税是一样的。所以，最容易混淆或者说争议最大的是经营所得与劳务报酬。

劳务报酬中有医疗、咨询，经营所得中也有，何以区分？《个人所得税法实施条例》第六条第一款第（五）项"个人依法从事办学、医疗、咨询以及其他有偿服务活动取得的所得"和"个人从事其他生产、经营活动取得的所得"中的"依法从事"和"从事"有何区别？《国家税务总局关于个人举办各类学习班取得的收入征收个人所得税问题的批复》（国税函〔1996〕658 号）可以帮助我们理解。"个人经政府有关部门批准并取得执照举办学习班、培训班的，其取得的办班收入属于个体工商户的生产、经营所得应税项目，应按《中华人民共和国个人所得税法》规定计征个人所得税。""个人无须经政府有关部门批准并取得执照举办学习班、培训班的，其取得的办班收入属于劳务报酬所得应税项目，应按税法规定计征个人所得税。其中，办班者每次收入按以下方法确定：一次收取学费的，以一期取得的收入为一次；分次收取学费的，以每月取得的收入为一次。"

《国家税务总局关于个人举办各类学习班取得的收入征收个人所得税问题的批复》中是批准并取得执照，而《个人所得税法实施条例》第六条第一款第（五）项中"个人依法从事办学、医疗、咨询以及其他有偿服务活动取得的所得"和"个人从事其他生产、经营活动取得的所得"都是没有执照的，那么，只能理解为，经批准的就是"依法从事"，其他的只能算"从事"。虽然《个人所得税法实施条例》是国务院令发布的，但其起草是财政部和国家税务总局，因此国家税务总局的这个文件可以参考。但是，不管如何说，依法从事和从事都属于经营所得。那问题还是在于医疗、咨询及其他服务，是劳务报酬还是经营所得。

请看国家税务总局对十三届全国人大三次会议第 8765 号建议的答复，如图 7-4 所示。

你们提出的关于从税收政策和征管方式等方面加大平台经济发展支持力度的建议收悉，现答复（摘要）如下。

（1）关于平台企业存在自然人无法视同登记户享受增值税起征点优惠。答复说，平台上的个人，要办个体户或临时税务登记，才能享受月 10 万元以内免增值税的优惠。否则，500 元就要交增值税了。

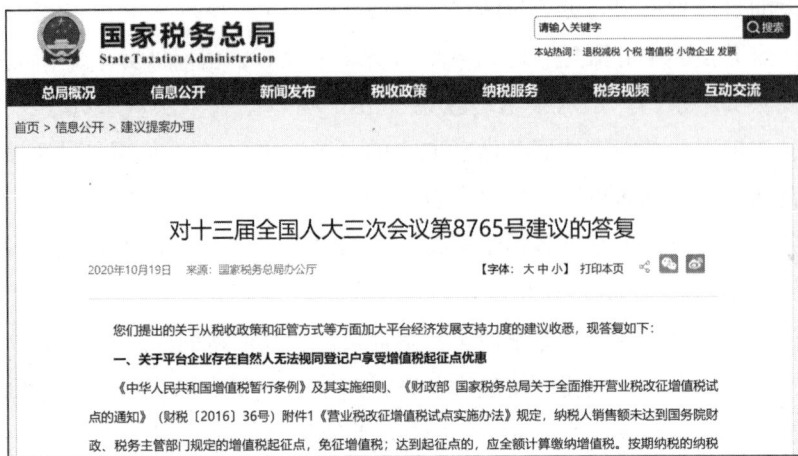

图 7-4　国家税务总局网站发布

（2）关于允许内控机制完善的平台经济使用内部凭证列支成本费用。答复说，原来那种（也就是前面讲到的那个平台）以内部扣除凭证作为税前扣除依据的办法，是行不通的。这应该也是前述某平台要求所有个人自 2020 年 7 月起成立个体户的重要原因。要知道国家税务总局在官网放出这个答复是 2020 年 10 月 19 日，但落款时间是 2020 年 8 月 27 日，而十三届全国人大三次会议是 2020 年 5 月 22 日召开的，所以，在出台答复之前，作为紧跟高层的大平台，自然已经知道了相关政策或者说已经被通知要改变方式了。

（3）关于明确灵活用工人员从平台获得的收入作为经营所得。答复说根据《中华人民共和国个人所得税法》及有关规定，灵活用工人员从平台获取的收入可能包括劳务报酬所得和经营所得两大类。灵活用工人员在平台上从事设计、咨询、讲学、录音、录像、演出、表演、广告等劳务取得的收入，属于劳务报酬所得应税项目，由支付劳务报酬的单位或个人预扣预缴个人所得税，年度终了时并入综合所得，按年计税、多退少补。灵活用工人员注册成立个体工商户，或者虽未注册但在平台从事生产、经营性质活动的，其取得的收入属于经营所得应税项目，经营所得以每一纳税年度的收入总额减除成本费用以及损失后的余额为应纳税所得额，适用经营所得税率表，按年计税。因此，灵活用工人员取得的收入是否作为经营所得计税，要根据纳税人在平台提供劳务或从事经营的经济实质进行判定，而不是简单地看个人劳动所依托的展示平台，否则容易导致从事相同性质劳动的个人税负不同，不符合税收公平原则。比如，从事教育培训工作的兼职教师，在线下教室里给学生上课取得收入按劳务报酬所得缴税，在线上平台的直播间给学生上课取得收入按经营所得缴税，同一性质劳动，不宜区别对待。

从答复中可以看出，成立个体户（或临时税务登记），是避免性质争议的最好办法。

至于工资薪金与劳务报酬的区别，也就是劳动关系和劳务关系的区别，我们将在第四节劳动合规与组织重构中讲述。

## 六、对真实性的认定

虽然现在关于虚开发票的认定总体是趋向于造成税收流失的结果（或危险），但虚开发票的认定很复杂，或者说争议不少。我们透过现象看本质，采用真实性的认定就行了。简单地说，业务是真实的，那就不是"虚开"。现实中税务人员、办案人员通常都不会去想那么多理论，所以我们就只讲最通俗易懂的真实性。

例如，我们去税务局，税务人员正在聊他们考察某省灵活用工平台。其平台是威客类型，就是在平台上面发布各种业务承揽，如设计图案等，然后个人承接业务。这种就是典型的灵活用工，自由职业。那么怎么判断真实性呢？

平台上有发布业务的一条龙记录，谁发布，业务内容是什么，谁承接，价格多少，还有一些收付款与业务进度、成果对应的记录。这也可以类推到其他的平台上，如建筑用工等。对建筑用工可以准备好以下资料。

（1）施工合同。通常包括总包合同、专业作业合同和劳务分包合同等。

（2）项目简况及相关资料。通常包括立项批复，建设工程施工许可证和开工报告等。

（3）项目部简况及施工组织简介。主要是对农民工的招募和管理等情况进行介绍。

（4）人员的基本情况。通常包括人员实名认证所需的信息、工种，以及在本项目从事的具体工作，约定的计酬和支付方式。

（5）人员的考勤成果。通常包括考勤记录、刷脸或指纹识别等方式，以及工作成果的验收证明，如收方记录，工作量记录表。

（6）工作照片。从事具体工作照片，如砖工砌砖的照片等。采集时间、频率可根据项目、工种、单位和个人的信用等而定。

（7）离职资料。人员离职时结算资料、辞职手续等。

（8）项目进展情况。通常包括形象进度和结算情况等。要特别登记一些异常情况，如自然灾害和政策因素停工等。

（9）地方规定。当地对人员工资的具体规定，如由谁代付人员工资、支付方式和税收承担等。

（10）其他审慎监管要求资料。根据税务机关的要求，从风险管控需要，要求施工单位提供资料，如包工包料的施工合同；人工支付金额在工程总价款中的比例大大超过同类项目，要求施工单位提供说明和相应证据，证明其合理性。

其他领域，道理也是一样的。无非就是根据具体的业务流程，设计不同的资料要求。

当然，实施起来还有平衡性问题，真实性要求越高，资料就越多，细节越烦琐。然而，不这样做，税务机关可能不同意，担心风险大。例如，办理设计业务要有设计的图案、图纸之类留存，显然真实性大增。然而，客户担心知识产权泄露，可能会转向其他平台。平台如果不要求留存这些，税务机关又怕你搞假的，编造所谓设计业务，因此不允许继续代征代开。

## 第四节　劳动合规与组织重构

外卖员与外卖平台是劳动关系，还是劳务关系？由此带来平台该不该为外卖人员缴纳社会保险，送餐过程中出了事故谁来负责等问题。即使是传统企业转型平台，也将面临"个体是不是我的员工"？"个体给我开发票是否为虚开"等一系列问题。解决劳动合规，关键是要厘清平台与个体的法律关系。特别是对传统企业，若要转型平台，需要组织重构，以架构之变，方能承载商业模式之新，合规才有依据。

## 一、劳动合规

劳动还是劳务是"平台+个体"必须面对的劳动合规问题。从本质上讲，不管是以劳动的名义还是以劳务的名义，劳动者都是付出劳动。但是，两者的税收不同，社保不同，工伤责任不一样，等等。当然现在个人所得税汇算结果一样，但平时预扣和发票要求不一样。所以，不可不究。但本书又不是专门研究新经济的（在新经济领域这个问题特别突出）。虽然平台组织重构和员工成立个体户等情况也会在劳动、劳务方面大有争议，但从本书的读者角度考虑与主题明确起见，下面有针对性地给出几个案例并做简要分析。

现在互联网+的合作模式越来越流行了，很多年轻人更倾向于选择和平台合作，如外卖、网约车等，互联网平台为媒介的共享经济用工正呈现出迅速发展的趋势，与传统用工相比，共享经济用工更加灵活化、多样化，同时劳动关系也更难界定，在司法层面中相关的劳动争议和界定分歧也在日渐增多。所以，先看一个广州市中院发布的手机维修网约工劳动关系案例。

基本案情是：广州市的小鑫本是一名手机维修工程师，2016年9月3日，小鑫到广州某科技公司上班，从事手机维修工作。小鑫通过科技公司的手机App接单，为公司客户提供上门维修手机服务。当客户在手机App下单后，公司客服负责接单，然后根据派单时师傅身处的位置安排工单。但是2017年9月底，科技公司让小鑫签订《工程师兼职劳务协议》，随后双方无法达成一致，科技公司在10月25日以微信和短信的方式向小鑫发出《解除合作通知函》，于是小鑫将科技公司告上了法庭。

小鑫起诉称：工作期间，我统一接受科技公司管理、考勤、考核考评制度，科技公司按月发放劳动报酬。外出工作时，需穿工服、戴工卡，工包、工具由公司统一配备并印有公司标志，以科技公司的工作人员的名义提供劳动，使用公司软件，接受公司的派单和客户的评价。每天上班时间是公司口头告知的，每月休息四天是我自己选择但需要公司先同意。工资保底为 4 800 元（每月工资保底 60 单，每单 80 元结算），超过 60 个订单以后就每个订单计 80 元提成。科技公司一直不与我签订书面劳动合同，也未办理社保手续及缴纳社保费且无故扣发工资。2017 年 9 月底，科技公司逼迫我与其签订《工程师兼职劳务协议》。2017 年 10 月 25 日，科技公司以微信和短信的方式向其发出《解除合作通知函》。

科技公司主张双于 2016 年 9 月 3 日建立合作关系，双方签订《申请上门维修师傅协议》显示双方是合作关系，公司只是作为网络平台提供商业机会，双方不存在劳动关系。科技公司采取 O2O（online to offline，简称 O2O）平台模式，客服接到订单后派单，由师傅决定是否接单，App 上有拒绝接单的按钮，师傅拒绝后会改派其他人员上门，从手机 App 截图看，每个师傅有一定的接单率；小鑫不需要考勤，工作时间与休息日都是自由的；关于佣金，是按师傅接单量进行提成，并不存在保底。公司不清楚小鑫自 2017 年 10 月 25 日起没有接单的原因。

争议焦点落在小鑫与科技公司之间用工性质是否属于劳动关系？法院一审二审判决，属于劳动关系，因此应按劳动关系支付工资、赔偿金等。法官对判决作出了解释：

目前，在我国劳动法相关法律法规中，没有对劳动关系判定标准进行明确规定，当前劳动关系从属性的审查模式是由《劳动和社会保障部关于确立劳动关系有关事项的通知》确立的，该通知第一条：

用人单位招用劳动者未订立书面劳动合同，但同时具备下列情形的，劳动关系成立。

（一）用人单位和劳动者符合法律、法规规定的主体资格；

（二）用人单位依法制定的各项劳动规章制度适用于劳动者，劳动者受用人单位的劳动管理，从事用人单位安排的有报酬的劳动；

（三）劳动者提供的劳动是用人单位业务的组成部分。

该条规定是司法实践中认定劳动关系的主要依据。

　　在此类劳动关系争议的案件中，审查应该依据上述第一条规定，从外部特征着手，包括规章制度、用工方式、薪酬发放和业务组成等方面。本案中，虽然双方当事人签订了协议明确是合作关系，但一方面劳动者并不认可，另一方面，劳动关系在一定程度上具有公法属性，双方之间是否构成劳动关系，应从事实角度出发，而不能单纯通过协议去排除劳动法的规范。

　　本案可以从《劳动和社会保障部关于确立劳动关系有关事项的通知》规定的三个方面入手理解。

　　首先，用人单位和劳动者是否符合法律、法规规定的主体资格。经审查，科技公司经过工商登记，是具有用工资格的主体，小鑫作为劳动者并不存在不适合的情形，故本案双方当事人均符合法律法规规定的劳动关系主体资格。

　　其次，用人单位依法制定的各项劳动规章制度是否适用于劳动者，劳动者是否受用人单位的劳动管理，从事用人单位安排的有报酬的劳动。根据劳动者提供的《维修工程师管理制度》《上门服务流程》《师傅薪酬体系》《上门师傅考核奖励方案》、排班表、广州上门师傅考勤群微信截图等证据，科技公司对小鑫的工作方式、收入计算、奖励等进行了规定和要求，且发放了工衣、工包、工具以及工牌等，从整体看，该一系列用具具有身份识别功能，在小鑫为顾客提供服务时，其代表科技公司，而非其个人。从管理制度规定、排班表、考勤群来看，科技公司对小鑫有考勤管理及接单规则要求，仅是具有一定灵活性而已。从收入方面看，科技公司规定劳动者不得私自接单及向客户收费，劳动者按每单 50 元至 90 元再结合其他奖惩因素确定收入，科技公司每月转账发放，可见小鑫的收入是固定的，而不是作为自负盈亏的独立主体向科技公司缴纳一定管理费。

　　最后，劳动者提供的劳动是否为用人单位业务的组成部分。科技公司自述其是一家提供手机维修服务平台的公司，小鑫提供的手机维修服务是该公司的业务组成部分。从上述的情形可见，小鑫在劳动关系中对科技公司具有明显的人格从属性及经济从属性，也具有连续性和稳定性，双方之间应予认定为劳动关系。

在司法实践中，法院通常都采用和上述手机维修网约工案相同的依据，即《劳动和社会保障部关于确立劳动关系有关事项的通知》第一条中的三个条件，来判断劳动关系是否成立。表面看有三个条件可以直接判断，但认真研究，会发现其实判断起来有难度：

（1）用人单位和劳动者符合法律、法规规定的主体资格。这一点一般没问题，只是在建筑包工头这些主体上存在问题。

（2）用人单位依法制定的各项劳动规章制度适用于劳动者，劳动者受用人单位的劳动管理，从事用人单位安排的有报酬的劳动。这句话可分成三个点，除最后一点有报酬以外，其他两点不太好说。而且有报酬也并不是劳动关系所特有的，劳务也有报酬。虽然法官认为有《上门服务流程》等规章制度，但是，难道网约车司机不遵守网约车的制度吗？《网络预约出租汽车经营服务管理暂行办法》第十八条规定："网约车平台公司应当……根据工作时长、服务频次等特点，与驾驶员签订多种形式的劳动合同或者协议，明确双方的权利和义务。"从网约车实践看，大部分网约车平台的司机不管工作时长、服务频次多少都不是劳动合同。但是，这些司机还得遵守平台的规章制度，接受平台的管理。至于加在规章制度和管理前的"劳动"两字，如法官所说，不能以协议名称来判断事实，同样适于此。我们在后面还会通过案例来分析。

（3）劳动者提供的劳动是用人单位业务的组成部分。毫无疑问，手机维修工的劳动，是手机维修平台的业务组成部分。但是，难道网约车司机提供的运输服务不是网约车平台业务的组成部分吗？其实，不要说劳务，就是公司与公司之间的合作，我们也可能要接受对方的管理。例如，服务公司和国企签订服务协议，服务公司派专业技术人员为国企提供技术服务。在国企的工地上，服务公司的人员也必须戴工牌，穿工作服，按国企的时间上下班，严格执行对方规章制度。服务公司的员工和国企是劳动关系吗？不是，是服务公司提供的劳务。那假设国企聘请这些人员，以个人名义来从事技术服务呢？难道就成了劳动吗？

我们再来看下美国对网约工如何认定劳动关系的。根据南开大学法学院讲师、美国印第安纳大学毛威尔法学院法律科学博士柯振兴提供的资料，即 2019 年 4 月美国劳动部发布一封《意见书》，认为网约工不构成劳动关系。其主要判断如下。

第一个要素是雇主的控制权。首先，该公司并没有对网约工提出任何职责要求，如严格的换班、大的配额或者较长的工作时间。相反，公司提供了灵活性让网约工去选择何时、何地、如何以及为谁去工作，并且网约工通常可以为了他们自己的利润和个人利益去使用这种灵活性。其次，公司允许自己平台上的网约工同时为竞争对手工作，而网约工为了个人利益最大化，日常中确实也是这么操作的。最后，公司并没有检查网约工的工作质量，或者给网约工的工作表现打分。因此，在这个要素中，《意见书》倾向于认为网约工不具有劳动者身份。

第二个要素是雇佣关系的长期性。首先，该公司并没有与网约工建立长期雇佣关系，事实上，网约工对于退出公司有很高的自由度。最重要的是，公司也没有限制他们与竞争对手接触。其次，即使事实上网约工和公司保持了长期的关系，也是因为一个业务接着一个业务，并不意味着建立了长久的劳动关系。因此，在这个要素中，《意见书》倾向于认为网约工不具有劳动者身份。

第三个要素是网约工或者公司的投资问题。公司并没有以网约工的名义去投资任何的设备、器材或者帮手。相反，都是网约工自己购买工作必要的资源，而公司也不会对此提供报销。当然，公司投资了虚拟性的网络平台，但是单独的这项投资并不足以与网约工建立劳动关系，毕竟网约工可以同时使用其他网络平台。或者说，虽然网约工可以通过平台迅速找到工作，但是这种依赖仅仅轻微地降低了他们的独立性。因此，在这个要素中，《意见书》倾向于认为网约工不具有劳动者身份。

第四个要素是网约工所需要的工作技能和判断。首先，网约工，如网约车司机，为了自身利益的最大化，会在不同的服务机会和对手的虚拟平台之间做出选择，并且行使自己管理上的自主权，因此显示了相对于公司的很强的独立性，网约司机实际上自己在行使管理上的自主权。其次，公司也不对网约工进行强制性的技能培训。这也有别于典型的劳动者。

第五个要素是获取利润的机会。网约工并不从他们的工作中获得事先确定的报酬数额，相反，网约工自己控制利润或者亏损的决定因素。虽然公司设定了价格，但是允许网约工根据不同价格选择不同的工作种类，只要是合适的工作，网约工可以尽量多地去接单，并且也允许商讨工作的价格。网约工还可以通过选择对手的虚拟平台来控制自己的利润或者亏损。从这一点来看，《意见书》倾向于认为网约工不属于劳动者群体。

最后一个要素是网约工的工作是否是公司业务的组成部分。显然，网约工并不属于公司网络平台指引业务的组成部分。网约工仅仅是通过平台获得工作机会，并没有去发展、维护或者操作平台。《意见书》中强调，公司的主要业务不是为终端市场的消费者提供服务，而是提供一项连接网约工和消费者的网络平台指引业务。

2019年6月，美国劳动关系委员会（负责工会争议的机构）的总法律顾问办公室发布了一个建议备忘录，认为Uber司机不属于劳动者，并要求劳动关系委员会的分支机构驳回Uber司机要求确认劳动者地位的起诉。

但是，2019年9月，美国加利福尼亚州（以下简称加州）州议会通过了AB5法案，主要内容是确立劳动关系"ABC"判断标准。"ABC"标准首先假设案件中的员工是法律意义上的劳动者，除非雇主能证明同时存在以下三种，劳动关系才不会被认定。这三种情况分别是：（A）无论是从合同还是员工的实际工作情况来看，员工从事的工作不受企业的控制或者指挥；（B）员工从事的工作并非企业的日常经营；（C）员工所从事贸易、经营或者职业，性质上与员工向企业履行的工作是一致的，但是员工通常是独立地去工作。

因此，在美国加州的法案下，Uber司机及各种网约工，几乎都会被认定为劳动关系，而在其他地方则属于承包人。

如果用美国加州法案的判断标准对比中国网约车平台，可以看出：第一种情况，员工从事的工作不受企业的控制或者指挥，这不太现实，网约车司机也要通过评价扣款等方式控制，就算劳务不合格也要扣款；第二种情况，员工从事的工作并非企业的日常经营，这怎么可能？公司请员工来不从事日常经营，那干什么，请来喝茶？第三种情况，员工通常是独立地去工作，这一点不太好确定。

　　中国与美国不同，中国不是判例法国家，自然判决结果也完全不同。

　　北京某科技有限公司，就是从事"闪送"的公司。商务用途较多，许多读者可能用过。如果没用过，我们这里简单介绍一下，比如寄一份审计报告，要送到同城的客户那里。若用快递要明天到，但客户急要，你自己跑一次，又觉得太费时间，于是通过闪送公司送件。用户在手机上下单，闪送员抢单后，帮用户送过去。假设每单收 20 元，扣除 20% 归公司，另加 0.3 元保险费或第三方技术费，共扣 4.3 元，闪送员得 15.7 元。闪送员和网约车司机一样，想加入就签协议、接单。每天专门跑闪送也行，上下班途中顺便接单也行。

　　北京市海淀区人民法院在 2018 年宣判的（2017）京 0108 民初 53634 号《李某国与北京某科技有限公司劳动争议一审民事判决书》中，认定闪送员李某国和公司构成劳动关系。而在 2019 年宣判的（2019）京 0108 民初 34030 号《郭某光与北京某科技有限公司劳动争议一审民事判决书》中，则认定闪送员郭某光和公司不构成劳动关系。在这完全相反的判例中，我注意到，李某国案是三人合议庭，其中一名审判员是蔡某。郭某光案是独任审理，审判员正是蔡某。

　　在李某国案中，法院认为："不可否认，李某国在某科技公司工作的时间及完成工作情况具有一定的稳定性，而在闪送平台注册的众多闪送员的工作情况与李某国的情况并不完全相同。因此本院认定李某国与某科技公司之间有劳动关系，并不代表所有注册的闪送员与某科技公司之间均具有劳动关系。闪送员之间情况的不同可能会使某科技公司面临管理上的困难，但作为运用新技术手段进行经营的公司，其完全可以运用信息技术优势实现合法的经营、管理，不能因为闪送员之间情形不同而一概否认劳动关系。"

　　这段话的核心是李某国在某科技公司工作的时间及完成工作情况具有一定的稳定性，啥意思呢？

　　其一，李某国可以自主决定是否接单，但只要其注册成为闪送员，并决定以此谋生，则其必须通过完成一定的工作量来挣取维持生活所需之收入，所以尽管从每一单闪送业务来看，李某国有接单或不接单之选择自主权，但从其整体工作来看，其并无更多的选择自主权。

其二，李某国可以决定自己的工作时间，公司无须考勤。但从双方均认可的接单记录来看，李某国在担任闪送员期间，每日基本工作10小时左右（指接单时间起始点），每周平均收入1 400元。如果李某国要保持这样的收入水平，其对工作时间、工作量并无过宽的选择自主权。并且灵活安排工作时间的特点本身并不排斥劳动关系的存在，因为劳动关系项下本身有多种用工的工时形式，包括相对灵活的用工工时形式。

明白没有？就是说，李某国每天接单时间长，每周平均收入1 400元则每月5 600元，相当于上班工资，因此构成劳动关系。

与之相对，郭某光则曾在饭店做后厨、帮厨，曾任职按天或按周结算的兼职保安，还曾担从事过全职保安、面包厂学徒等工作，还自述自己为美团外卖送餐员，因此不构成劳动关系。

法院只是凭上班时间长确定劳动关系吗？假如李某国和郭某光一样，在闪送期间也给美团送了餐，但在美团送餐时出了车祸，起诉美团认定劳动关系，会如何呢？由于李某国花在闪送上的时间很长，显然美团的时间就少，收入也少。如果按李某国案的裁判逻辑，李某国在美团送餐，就不构成劳动关系。如果李某国一半时间在闪送，一半时间在美团，甚至同时在达达（类似于闪送），又在饿了么送餐，这怎么判断呢？

李某国案和郭某光案，还有很多法院裁判理由，也是完全相反的，如李某国案认为工牌具有身份识别功能，代表公司，背面有流程要求，说明公司对李相国进行了管理，要求按规章制度服务。也就是说，符合《关于确立劳动关系有关事项的通知》（劳社部发〔2005〕12号）中"用人单位依法制定的各项劳动规章制度适用于劳动者，劳动者受用人单位的劳动管理。"但在郭某光案中，法院则认为"北京某科技有限公司与郭某光之间并无劳动管理属性。"对于接受规章制度没有提，显然法院认为，即使是劳务，也应接受公司的制度。

其他一些裁判理由就不一一列举了，反正是外行看热闹，内行看门道。真正的门道是什么？是政策，是精神。法院要保护弱势群体，要维护社会和谐。因此李某国案法院认为：

北京某科技有限公司认为，已经为李某国投保了商业保险，并且保险公司已经理赔，己方已尽到义务。

但本院注意到，李某国通过北京某科技有限公司投保的员工意外医药补充医疗保险，只获得了第一次手术的相关费用理赔，其后续二次手术费用无法获得赔偿，并且其在治疗期间的工资等相关待遇均未得到保障。在李某国为北京某科技有限公司工作中受伤的情况下，北京某科技有限公司仅提供商业保险，对李某国的救济显然是不够的。

北京某科技有限公司从李某国提供的劳动中获益，则其应当承担相应的法律责任及企业之社会责任。若允许其低成本地用工，则其必然缺乏防范用工风险之主动性，对采取劳动安全保护措施的积极性必然不高，因此带来之社会问题必然增多。本案中北京某科技有限公司对李某国使用的交通工具的安全性、驾驶员资质等均未严格审核，即可证明这一点。互联网企业不能因其采用了新的技术手段与新的经营方式而不承担本应由其承担的法律责任与社会责任。

注意到没有，李某国案的根本在于李某国闪送时出车祸了，保险并不够，而郭某光案并不涉及受伤问题。

例如，有一个家装公司，施工队伍全是外包的，都是包工头。包工头和家装公司是劳动关系吗？非也，只是总包方与分包方关系。但是，有一个包工头因家装公司的项目去外地施工，不幸路上出了车祸，开车撞死了 3 个人，包工头负全责，要赔 200 多万元。死者家属起诉了包工头和家装公司，家装公司问我会不会赔？我说肯定赔。家装公司不解，包工头和我们又没签劳动合同，只是包施工而已，车也是他自己的，为什么要我们公司赔？我说法院一定会认定你们有劳动关系。因为包工头赔不起，只有你们公司，有实力赔偿，不找你找谁？公司大叫冤枉。再叫也没用，结果和我预想的完全一样，法院认定，包工头接受公司指派施工，服从公司管理，所以构成劳动关系。我们都知道，其实不是公司指派而是发包，管理也不是劳动管理，总包方对分包方肯定要管理。况且，这也不是施工安全事故，而是包工头个人的交通事故。但是，有什么用呢？法院判决公司承担赔偿责任。

前面讲的几个案例大家可能不知道，但外卖送餐员猝死事件火遍网络。

2020 年 12 月 21 日，外卖骑手韩某某在送餐途中倒地死亡，警方认定不属于刑事案件，系猝死。事件发生后，韩某某的弟弟联系该外卖平台，平台出于人道主义给了 2 000 元。另，平台每天要收骑手 3 元，其中 1.06 元为保险费，剩下的为服务费。保险额度为 3 万元，因此可获得保险公司理赔 3 万元。由于事件在网络上迅速发酵，所以外卖平台发表声明，声称推动改进保障提升和结构优化事宜，将保额提升至 60 万元。在新的保险规划实施前，平台将为韩某某家属提供 60 万元抚恤金。

外卖平台这样做属于单纯企业行为，那么政策层面呢？2021 年 1 月 12 日，人力资源社会保障部对政协十三届全国委员会第三次会议第 3927 号（经济发展类 305 号）提案的答复中提出："平台企业与平台从业人员之间呈现出灵活、复杂的用工特点，难以确认为劳动关系并纳入现行劳动保障法律法规调整范围。这些劳动者权益保障不足，存在社会保险缺失、就业岗位和收入稳定性差等问题。我部对此高度重视，从 2016 年起开展了多次调研和专题研究，组织了滴滴、美团、饿了么、达达等典型企业以及网约车司机、网约配送员、快递人员等劳动者群体进行座谈，听取专家学者、平台企业和劳动者的意见和建议，提出了初步工作思路和政策建议。"归纳起来主要包括以下 5 点。

（1）通过行业协会协商制定并推广用工合同范本。

（2）倡议平台企业自觉承担对平台就业劳动者应尽的责任和义务，依法参加社会保险或积极参加商业保险。

（3）由于企业与零工经济从业者之间难以明确为劳动关系，按照现行社会保险法规定，企业一般不承担为这些劳动者缴纳社会保险费的义务。零工经济从业者可以以灵活就业人员身份参加职工基本养老保险。

（4）由于零工经济从业者就业形态的特殊性，建立在劳动关系模式基础上的工伤保险制度难以将其直接纳入，将试点推行职业伤害保障模式。

（5）灵活就业人员是否纳入失业保险，尚存不同认识，制度设计上也有难度，人社部将在广泛听取意见和充分研究论证后推进相关工作。

我们把上面的意见总结为一句话就是：建立在传统劳动关系基础上

的社会保险等制度，不适应零工经济，但新的模式尚在摸索。

　　大家想想，我国的社保制度是哪年建立的？ 1951 年，政务院就公布《中华人民共和国劳动保险条例》。当然，后来遭到了破坏，之后又慢慢得到恢复。在 1997 年 7 月，国务院发布《关于建立统一的企业职工基本养老保险制度的决定》后，才基本形成了现有的社会保险格局。在 1951 年及之后相当长的时期，劳动者是单位或集体的人，是革命的螺丝钉，国家调到哪家单位或集体都可以，不存在自由择业的说法，劳动者和单位或集体之间的关系是相当稳定的。即使在 1997 年，虽然私营经济大发展，灵活就业涌现，劳动者更换就业单位或集体也变得频繁，但劳动者和单位或集体之间的关系，仍是相对稳定的。

　　然而，平台经济、灵活用工，也就是中华人民共和国人力资源和社会保障部说的零工经济，彻底打破了这种传统的、固化的，甚至在某种程度上来说是僵化的用工模式。而与传统用工配套的社会保险制度，不可避免地有些跟不上时代步伐。

　　当然不能等，因此，催生了各种复杂的设计，如外卖平台和外卖骑手并非直接签约，而是通过灵活用工平台众包，在《众包用户协议》中载明"仅提供信息撮合服务，您（劳动者）与众包公司不存在任何形式的劳动（雇佣）关系"，主要是为了解决劳动关系，但同时也是为了解决税务问题。那么，税收上是否也按照法律关系处理呢？未必。例如，聘用退休人员，法律上属于劳务关系，但是，《国家税务总局关于个人兼职和退休人员再任职取得收入如何计算征收个人所得税问题的批复》（国税函〔2005〕382 号）规定："退休人员再任职取得的收入，在减除按个人所得税法规定的费用扣除标准后，按工资、薪金所得应税项目缴纳个人所得税。"

　　上面讲了这么多关于劳动与劳务的区分，是为了将要讲述的员工个体化，也为了灵活用工平台合规化。

　　2021 年 7 月 16 日，人力资源和社会保障部、国家发展和改革委、中华人民共和国交通运输部、中华人民共和国应急管理部、国家市场监督管理总局、国家医疗保障局、最高人民法院、全国总工会联合发布《关于维护新就业形态劳动者劳动保障权益的指导意见》（人社部发〔2021〕56 号）。文件指出，"平台经济迅速发展，创造了大量就业机会，依托互联网平台就业的网约配送员、网约车驾驶员、货车司机、互联网营销师等新就业形态劳动者数量大幅增加，维护劳动者劳动保障权益面临新情况新问题。"为此需要"支持和规范发展新就业形态，切实维护新就业形态劳动者劳动保障权益，促进平台经济规范健康持续发展。"

文件对"符合确立劳动关系情形的，企业应当依法与劳动者订立劳动合同。不完全符合确立劳动关系情形但企业对劳动者进行劳动管理（以下简称不完全符合确立劳动关系情形）的，指导企业与劳动者订立书面协议，合理确定企业与劳动者的权利义务。个人依托平台自主开展经营活动、从事自由职业等，按照民事法律调整双方的权利义务。"

文件中创新地提出，"强化职业伤害保障，以出行、外卖、即时配送、同城货运等行业的平台企业为重点，组织开展平台灵活就业人员职业伤害保障试点，平台企业应当按规定参加。采取政府主导、信息化引领和社会力量承办相结合的方式，建立健全职业伤害保障管理服务规范和运行机制。鼓励平台企业通过购买人身意外、雇主责任等商业保险，提升平台灵活就业人员保障水平。"

至此，灵活用工，即新就业形态劳动者，终于有了制度性的保障规定。名不正则言不顺，灵活用工的劳动合规，总算找到依据了。

尽管如此，灵活用工的制度建设仍处于初期。职业伤害保障试点工作于 2022 年 7 月起在北京、上海、江苏、广东、海南、重庆、四川 7 省市启动，选取出行、即时配送、外卖、同城货运行业部分较大平台企业就业的骑手、司机等群体人员开展试点。根据政策，职业伤害保障费用由用工方缴纳，就业人员个人不缴费。在 2023 年 3 月 2 日举行的国务院新联办公室"权威部门话开局"新闻发布会上，人力资源社会保障部相关负责人表示，我国将扩大社会保险覆盖面，稳妥实施新就业形态就业人员职业伤害保障试点。可见，除了职业伤害保障处于试点阶段外，其他与灵活用工相关的配套制度仍需探索。

## 二、全员个体化与委托运营或管理外包

所谓全员个体化是指将整个公司所有或大部分员工转变为合作的个

体，即使是非业务部门也可能拆分，如将财务部外包出去，重点是高管，因高管的个税最高。高管向公司开票是工资、劳务报酬还是经营所得？显然，执照已经有了，符合经营所得第一项条件的主体资格，即个体户从事生产、经营活动取得的所得，那就要看经营的是什么了。

下面说一说，委托运营或管理外包。大家可能知道 VIE（Variable Interest Entities，可变利益实体），新浪公司最早采用的。股东在境外设立 SPV（Special Purpose Vehicle，特殊目的公司），再通过一系列中间公司，最终通过协议控制境内的实体运营公司。在这些协议中，最重要的是独家运营管理协议，核心内容是由 SPV 间接控制的 WFOE（Wholly-owned Foreign Enterprise，外商独资企业）提供运营管理、技术合作、咨询服务等，通过服务费形式将实体运营公司的利润转移至境外。

既然 WFOE 可以为公司提供运营管理服务，那么个体户能不能为公司提供类似服务呢？答案是显而易见的。民法领域，法无禁止即允许。有独家的，可否多家提供呢？当然也可以，独家只是 VIE 的需要而已。

在 VIE 的情况下，公司更像一个"壳"，实际的运营由 VIE 控制。甚至员工也是合作伙伴，全员个体化，运营委托化，管理外包化，公司壳体化。这已经不是仅从税的角度考虑，而是迎接一个变革的时代，是"平台+个体"的一种特例化。当然，一般的公司平台化不会这么彻底，但可能部分实现。即便如此，也会对传统的公司组织架构产生重大影响，会催生很多新的商业经营模式，当然也会带来新的税务问题。

就具体实施来说，会计是记账与报税服务，出纳是资金收付管理，经理是企业管理服务，就连法定代表人也可以外请嘛。挂靠属于什么服务呢？税收编码只能按"其他现代服务"了。可以委托运营项目，如工程项目，回顾我们前面举过的挂靠案例，收入 100 万元，成本 90 万元，管理费 2 万元，挂靠方得 8 万元。现在是委托运营，那运营的个体户可以少得点，如 5 万元，就开 5 万元发票来，其余的 90 万元成本照常记账。这其实就是管理外包。

如果没有员工个体化，可否委托员工运营呢？从民法角度上讲，并无障碍。但是，存在同时取得工资和经营所得的问题。虽然股东同时取得工资和分红是可以的，但同时取得工资和经营所得，税务局会认为全部是工资。虽然可以找出很多政策依据，但要说服税务局很难。如果涉嫌转移利润，可能被实施特别纳税调整。但是，如果由员工与关联方合作运营，关联方是个体户，负责开票收款，又或者由股东的关联方来合作运营（这样做与 VIE 通过独家运营管理转移利润有些类似），根据《特别纳税调整实施办法（试行）》（国税发〔2009〕2号），特别纳税调整是针对"转让定价、预约定价安排、成本分摊协议、受控外国企业、资本弱化以及一般反避税等特别纳税调整事项"，而非偷税，故这种合作运营并非偷税。

当然，这方面不要说企业，就是大多数税务局也没有接触过，所以实施前一定要做好心理准备，讲法讲理。

### 三、真平台与假平台

这里所说的平台，不是指仅提供结算开票服务的灵活用工平台，而是实际开展业务的平台化公司，是对企业组织重构，就是把自己公司当成一个平台，如网约车平台、外卖平台这种。

根据现在网络流行的说法，今后没有"公司+员工"，只有"平台+个体"。这种说法可能过于夸张，但反映了一种趋势。君不见，现在的年轻人，不愿意去工厂做工，宁愿跑外卖吗？且不管这种做法对不对，但可以预见，有很多行业都会平台化。但是平台化也存在真平台和假平台的问题。

例如，我有一个家装公司客户，营业额几亿元。由于他们家装客户90%以上总价都在10万元以内，所以形成了好多小团队。公司的业务部门主要有营销部、设计部、监理部、工程部。工程部和监理部人少，因为施工是外包的，一般是小包工头承接。当然，公司对外宣称是自有产业工人，技术强、管理好，外部第三方监理，专业、公正，云云。营销部和设计部人最多，两千来人。有总监，总监下有若干经理，分级考核。他们也在考虑平台化，但此平台化非彼平台化。他们希望由平台引入流量，然后由加盟商去装修，他们销售材料，收年费。但是，与其他平台不同，他们与客户间究竟是什么关系，还没想好。因为他们考虑要求加盟商自己和客户签装修合同，平台不承担责任，但又担心失去掌控力。所以他这种平台，与我们前面说的平台差别较大，与传统的火锅连锁加盟有些类似。但不管怎么说，平台和加盟商之间的关系还是真正存在的，是真平台。

然而，对于他们内部来说，则是假平台了。他们担心税务风险，想通过把内部划小成立小实体，如个体户，由总监或经理来当实体的负责人，然后实体给公司开发票。

我当时就问老板，你只是要解决成本发票，还是真的要变动组织架构？这些总监、经理及下面的营销队伍、设计队伍，就跟着独立了，还归不归你管，利益分配有没有变化？他说，只解决成本发票问题就行了。不能独立，还是得自己管理，利益分配照旧。一句话，只是应对税务局。这不就是假平台吗？

《中华人民共和国发票管理办法》对发票的定义是："在购销商品、提供或者接受服务以及从事其他经营活动中，开具、收取的收付款凭证。"就是开票方要和收票方有经营活动。对于正常无关联关系的个体户来说，若公司去买东西或接受服务，是真实付款真实接受服务取得发票记账和税前扣除，这并无争议。

涉及或涉嫌虚开票的模式主要有几种情况。

（1）"买票"。无业务关联纯粹买票，被定性为虚开。

（2）"挂靠"。有时"挂靠"和"买票"难以区分，通过挂靠方签了合同和走账。如何定性争议很大，现在一般不定为虚开。

（3）员工或关联方成立的个体户或企业给公司开票。这种模式风险很大，很容易被认定为虚开发票。

例如，某外墙涂装公司，合作商以国内一线大房地产开发商为主。该公司在采购环节和世界及国内知名的涂料品牌建立有良好的关系，在施工技术上掌握较好，甚至代表涂料厂家给来自全国各地的施工单位讲解施工工艺。据公司老板介绍，外墙涂装的品质，30%靠涂料，70%靠施工工艺。既然技术如此好，合作伙伴也强，那发展还愁什么呢？愁啊，愁的是资金，愁的管理。公司营业额在不断上升，但是房地产开发商都是有账期的，合同越多，资金压力越大。都说国家支持中小企业融资，话虽如此，但银行未必这么想。高利贷也不敢借，当年施工单位借高利贷垮了的很多，再说现在高利贷也被打击得差不多了。管理方面，因公司管理能力强，品质控制才好。但是，再往大的发展，公司老板也明显感觉到精力不足了。怎么办？公司老板受了互联网平台的鼓舞，为什么不搞线上线下结合的互联网+呢？

思路是这样的，现在的施工班组，这家公司有点特别，不像一般的施工单位劳务全部外包。公司自己培养了几百名产业工人，似乎回到20世纪80年代的施工单位了。但符合国家鼓励培育建筑产业工人的政策精神。2017年，住房和城乡建设部发布《关于培育新时期建筑产业工人队伍的指导意见（征求意见稿）》（建办市函〔2017〕763号）中提出设立专业作业企业。这家公司的思路是，不光是将建筑劳务专业作业剥离出去，连投资、管理都剥离了，与公司是一种合作关系。在这种模式下，公司就是平台，原来自己的班组和部分管理人员，出去成立企业或个体户这一类经营实体。通过公司与客户签订施工合同，公司提供签约、开票、结算、技术指导、涂料供应，甚至根据工人考核计算工资并代发等服务，建设信息管理平台方便管理与结算。新成立的实体，对公司和客户负责，自行筹集施工资金，负责施工，保证安全与质量，按和公司之间的约定取得收入。如果觉得刚才说得有点复杂，那就打个比方，外墙涂装公司是网约车平台，新实体是网约车司机，按单提成，只不过这种施工单金额大，还涉及互相开票、扣材料款等。

公司老板说，这样做之后，原来完成一个单负责人能得10万元，现在这种模式下，能得20万元，甚至更高。那为什么公司老板要让利给员工呢？

（1）减轻资金压力。原来是公司老板一个人的生意，项目负责人只是打工者，资金与其无关，最多跑下催款，但款也不是那么好收的。现在不一样了，要挣钱，而且要挣比原来多的钱，就得想办法把活做起走，垫资金是必须的。项目有大有小，小的几十万元，大的上千万元。大的不说，至少小的几十万元，自己存款拿出来，不够再从亲朋好友那借一点，还是容易的。公司老板去借几十万元容易，但项目多了就是几千万元，哪有那么容易？而且利息高，但现在是项目负责人自己拿钱出来。这叫聚沙成塔，和众筹有些类似。

（2）吸引外部团队加盟。原来的模式，自己的员工不可能无限增多，没有业务谁发工资？现在是平台制、加盟制，不是连锁店那种卖授权费的，而是类似网约车的模式。但要求又比网约车高得多，要深度管理。外墙涂装公司在这个行业有品牌、有技术，就差一个拓展途径了。通过平台化，吸引更多的人来加盟自己，就可以无限地扩大事业。

当然，这些是理想，能不能实现则是另外的问题，但至少这是一个方向。

所以，想要走"平台+个体"之路，就一定不能搞假平台，而要搞真平台。如何区分真假平台，真平台又如何运营呢？请看以下分析。

（1）假平台究竟假在哪里？从法律角度来看，假平台没有脱离雇佣关系与控制，而真平台的劳务与合作成分更多。通俗而言，就是表面上成立了平台，实际上管理模式与原来没有变化，唯一目的就是少交税。由此带来的税务问题是，往小了说，不具有合理的商业目的；往大了说，涉嫌虚开发票。

（2）真平台的运营模式。从商业运营角度看，比较像网约车平台和外卖平台。从税务角度看，真平台应当是各交各税，各负各责。从法律关系角度看，究竟是劳动关系还是劳务关系尚有争议，那么税务上自然也难免有争议。事实上，作为广大的合作个体，自身是缺乏税务管理能力的，因此网约车、外卖通过灵活用工平台解决了税务问题。而对于合作对象数量相对有限的平台，让合作对象成立个体户是其最佳选择。

总之，平台化首先是一种企业发展的战略选择，税收筹划只是帮助实现战略的一种手段，绝不能颠倒主次，更不能弄虚作假。

## 四、税收筹划与发展

在个体户、个人独资企业、合伙企业及其他个体税收方式之间，若涉及股权架构、合伙这一类规划，能否适应，如何面对？

众所周知，要走向资本市场，要上市，只能是公司。很多原来是个体户、个人独资企业、合伙企业，现已转型为公司。对他们来说，首先是税务问题。原来个体户核定一个月就交几百元，现在还要记账，还要成本发票？所以，他们一方面想发展，一方面又留恋过去的低税"美好时光"。

这些个体户老板现在是公司股东、董事长了，表达了想税收规范、有税收筹划之意，同时又提出股权架构和合伙制度的要求。他们参加股权架构讲座，熟悉了股权生命线、一票否决线之类名词，嘴边常挂着合伙人制度，仿佛只要搞股权架构，公司必然壮大，发财指日可待。

例如，我的朋友跟我讲，他被老板拉着一起听课，讲课的内容全是持股平台相关内容，老师在课堂上讲，通过持股平台，可以实现好处一、好处二，等等好处。总之，要想企业发展，要想企业上市，必须要有持股平台，仿佛持股平台是万能的，有百利而无一害。但是，如何搭建持股平台，平台如何运作，税收如何处理？对不起，本次培训仅收费980元，还讲不到这里来，请交费4位数参加下节课，或交费5位数成为会员，享受尊贵服务。当然，最好是交数十万元，大师将亲自给予指导，带你走上人生巅峰。然后呢？然后就是接受大师的团队光临指导，如何搭建股权结构，声称这都是知名上市公司的成功经验，虽然有一部分还存在一定问题未能实施，但大部分可以实施，毕竟，改架构而已。在改架构时可能涉及股转交税。改完之后，听说资本市场必须规范财税，要再多交税。再然后呢？没有了，没有然后了。因为股权架构已经实施完了啊。

我的朋友问，我们实施股权架构的目的不是要上市吗？大师说不要着急嘛，既然股权结构已经搭好，上市还远吗？你们不要着急，既然已经迈出了成功的第一步，今后就一定会成功的！

这，就是当今很多股权讲座的真实写照。

既想得到股权架构的好处，又不想在改变过程放弃税收利益，甚至付出额外税收。这不是想鱼与熊掌兼得吗？不能吗？其实都是有可能的。但是，必须要明白，真正想要的是什么。如果是想赚快钱，赚现钱，或者是那种收现钱不入账少交税的生意，若上资本市场可能会后悔。

当然，不是要偷税漏税，要依法交税。老板们都精明着哩。例如，某服装经销企业老板，在当年新三板火热的时候，就不去挂牌。他说，我现在服装生意是现钱交易，可以避税，上了新三板，我要多交多少税？他说我有一个朋友上新三板后来觉得交税多了，后悔死了。

　　如果要赚这种现钱，建议不要考虑什么股权架构，上市之类。只有真正想做大做强，想长远发展的企业家，建议去资本市场，这很可能会增加税收成本，但是与资本收益相比，是值得付出的。而且，合理利用个体户、个人独资企业、合伙企业的优惠政策等，不至于使税收成本增加过快，控制在可接受范围之内，与企业发展相匹配适应。

　　具体来说，需要注意以下事项。

　　（1）个体户不一定要立马改为分公司、子公司，可根据不同的发展阶段，先采用连锁企业，然后待各方面条件都成熟了、税收成本也能承受时再改成为分公司、子公司也不迟。

　　（2）灵活运用公司与非公司。不需要一刀切地斩断个体户、个人独资企业、合伙企业或其他个体税收方式，也不要片面追求高大上的股权架构。

　　总之，不能为了节税而税收筹划，必须结合自身发展统筹考虑，采用适合自己的发展模式。

# 拥抱"平台+个体"新时代

2022 年 9 月 26 日，国务院常务会议审议通过《促进个体工商户发展条例》，旨在鼓励、支持和引导个体经济健康发展，维护个体户合法权益，稳定和扩大城乡就业，充分发挥个体户在国民经济和社会发展中的重要作用。

在国家政策鼓励和支持下，伴随着非公有制经济的蓬勃发展，个体工商户焕发出强大的生机活力，截至 2022 年 9 月底，全国登记在册的个体工商户达 1.11 亿户，占市场主体总量的三分之二，是 2012 年的 2.75 倍。个体工商户在第三产业中占比近九成，集中在批发零售、住宿餐饮、居民服务等行业，是百姓生活最直接的服务者。近年来，网络直播、微商电商、新媒体等新个体经济也发展迅速，已占到个体工商户总量的近三成，降低了创业就业成本，进一步促进了个体工商户的发展壮大。

请注意，强调了促进个体户发展有着重大意义，网络直播、微商电商、新媒体等新个体经济也是本书要针对的个体。这些个体经济有一个共同的特点，就是依靠平台，如网络直播依靠直播平台。除了这些全国性的、大的互联网平台以外，还有传统企业转型的小平台，如本书提到的家装公司、设计公司等。无论是哪一种，都体现了"公司+员工"向

"平台+个体"转型的时代特点，体现了新经济与个体户相结合的发展趋势。

　　所以，现有的个体户或即将成为个体户的朋友，不要自己瞧不起自己，要大声地说："我是个体户我光荣！"更要看到，现在的个体户，已经并非全是传统的小摊、小贩、小店，而是一种自由职业的工作生活方式，是充分发挥个体自由与创造力的新模式。如果与互联网平台结合，可以实现企业规模运作与无数个体力量结合的蚂蚁雄兵作战，这一点在网约车、外卖领域已经得到了极大体现。

　　道无高下，大道至简，在 IPO 上市因注册制而大火的同时，走个体户、灵活用工平台之路也是一条康庄大道，对很多个体可能更合适。